U0460921

全国普法学习读本

★ ★ ★ ★ ★

最新行政与科技法律法规读本

行政管理法律法规学习读本
公务员管理法律法规

叶浦芳 主编

加大全民普法力度，建设社会主义法治文化，树立宪法法律至上、法律面前人人平等的法治理念。

——中国共产党第十九次全国代表大会《决胜全面建成小康社会 夺取新时代中国特色社会主义伟大胜利》

汕头大学出版社

图书在版编目（CIP）数据

公务员管理法律法规／叶浦芳主编. -- 汕头：汕头大学出版社，2023.4（重印）

（行政管理法律法规学习读本）

ISBN 978-7-5658-2510-1

Ⅰ. ①公… Ⅱ. ①叶… Ⅲ. ①公务员法-中国-学习参考资料 Ⅳ. ①D922. 110. 4

中国版本图书馆 CIP 数据核字（2018）第 035083 号

公务员管理法律法规　　GONGWUYUAN GUANLI FALÜ FAGUI

主　　编：叶浦芳
责任编辑：邹　峰
责任技编：黄东生
封面设计：大华文苑
出版发行：汕头大学出版社
　　　　　广东省汕头市大学路 243 号汕头大学校园内　邮政编码：515063
电　　话：0754-82904613
印　　刷：三河市元兴印务有限公司
开　　本：690mm×960mm 1/16
印　　张：18
字　　数：226 千字
版　　次：2018 年 5 月第 1 版
印　　次：2023 年 4 月第 2 次印刷
定　　价：59.60 元（全 2 册）
ISBN 978-7-5658-2510-1

版权所有，翻版必究
如发现印装质量问题，请与承印厂联系退换

前 言

习近平总书记指出："推进全民守法，必须着力增强全民法治观念。要坚持把全民普法和守法作为依法治国的长期基础性工作，采取有力措施加强法制宣传教育。要坚持法治教育从娃娃抓起，把法治教育纳入国民教育体系和精神文明创建内容，由易到难、循序渐进不断增强青少年的规则意识。要健全公民和组织守法信用记录，完善守法诚信褒奖机制和违法失信行为惩戒机制，形成守法光荣、违法可耻的社会氛围，使遵法守法成为全体人民共同追求和自觉行动。"

中共中央、国务院曾经转发了中央宣传部、司法部关于在公民中开展法治宣传教育的规划，并发出通知，要求各地区各部门结合实际认真贯彻执行。通知指出，全民普法和守法是依法治国的长期基础性工作。深入开展法治宣传教育，是全面建成小康社会和新农村的重要保障。

普法规划指出：各地区各部门要根据实际需要，从不同群体的特点出发，因地制宜开展有特色的法治宣传教育坚持集中法治宣传教育与经常性法治宣传教育相结合，深化法律进机关、进乡村、进社区、进学校、进企业、进单位的"法律六进"主题活动，完善工作标准，建立长效机制。

特别是农业、农村和农民问题，始终是关系党和人民事业发展的全局性和根本性问题。党中央、国务院发布的《关于推进社会主义新农村建设的若干意见》中明确提出要"加强农村法制建设，深入开展农村普法教育，增强农民的法制观念，提高农民依法行使权利和履行义务的自觉性。"多年普法实践证明，普及法律知识，提高法制观念，增强全社会依法办事意识具有重要作用。特别是在广大农村进行普法教育，是提高全民法律素质的需要。

多年来，我国在农村实行的改革开放取得了极大成功，农村发生了翻天覆地的变化，广大农民生活水平大大得到了提高。但是，由于历史和社会等原因，现阶段我国一些地区农民文化素质还不高，不学法、不懂法、不守法现象虽然较原来有所改变，但仍有相当一部分群众的法制观念仍很淡化，不懂、不愿借助法律来保护自身权益，这就极易受到不法的侵害，或极易进行违法犯罪活动，严重阻碍了全面建成小康社会和新农村步伐。

为此，根据党和政府的指示精神以及普法规划，特别是根据广大农村农民的现状，在有关部门和专家的指导下，特别编辑了这套《全国普法学习读本》。主要包括了广大人民群众应知应懂、实际实用的法律法规。为了辅导学习，附录还收入了相应法律法规的条例准则、实施细则、解读解答、案例分析等；同时为了突出法律法规的实际实用特点，兼顾地方性和特殊性，附录还收入了部分某些地方性法律法规以及非法律法规的政策文件、管理制度、应用表格等内容，拓展了本书的知识范围，使法律法规更"接地气"，便于读者学习掌握和实际应用。

在众多法律法规中，我们通过甄别，淘汰了废止的，精选了最新的、权威的和全面的。但有部分法律法规有些条款不适应当下情况了，却没有颁布新的，我们又不能擅自改动，只得保留原有条款，但附录却有相应的补充修改意见或通知等。众多法律法规根据不同内容和受众特点，经过归类组合，优化配套。整套普法读本非常全面系统，具有很强的学习性、实用性和指导性，非常适合用于广大农村和城乡普法学习教育与实践指导。总之，是全国全民普法的良好读本。

目　录

中华人民共和国公务员法

公务员公开遴选办法（试行）

公务员回避规定（试行）

行政机关公务员处分条例

公务员奖励规定（试行）

公务员职务任免与职务升降规定（试行）

公务员调任规定（试行）

中华人民共和国公务员法

中华人民共和国主席令

第三十五号

《中华人民共和国公务员法》已由中华人民共和国第十届全国人民代表大会常务委员会第十五次会议于 2005 年 4 月 27 日通过，现予公布，自 2006 年 1 月 1 日起施行。

中华人民共和国主席　胡锦涛

2005 年 4 月 27 日

（2005 年 4 月 27 日第十届全国人民代表大会常务委员会第十五次会议通过；根据 2017 年 9 月 1 日第十二届全国人民代表大会常务委员会第二十九次会议《关于修改〈中华人民共和国法官法〉等八部法律的决定》修正）

第一章　总　则

第一条　为了规范公务员的管理，保障公务员的合法权益，加强对公务员的监督，建设高素质的公务员队伍，促进勤政廉政，提高工作效能，根据宪法，制定本法。

第二条 本法所称公务员，是指依法履行公职、纳入国家行政编制、由国家财政负担工资福利的工作人员。

第三条 公务员的义务、权利和管理，适用本法。

法律对公务员中的领导成员的产生、任免、监督以及法官、检察官等的义务、权利和管理另有规定的，从其规定。

第四条 公务员制度坚持以马克思列宁主义、毛泽东思想、邓小平理论和"三个代表"重要思想为指导，贯彻社会主义初级阶段的基本路线，贯彻中国共产党的干部路线和方针，坚持党管干部原则。

第五条 公务员的管理，坚持公开、平等、竞争、择优的原则，依照法定的权限、条件、标准和程序进行。

第六条 公务员的管理，坚持监督约束与激励保障并重的原则。

第七条 公务员的任用，坚持任人唯贤、德才兼备的原则，注重工作实绩。

第八条 国家对公务员实行分类管理，提高管理效能和科学化水平。

第九条 公务员依法履行职务的行为，受法律保护。

第十条 中央公务员主管部门负责全国公务员的综合管理工作。县级以上地方各级公务员主管部门负责本辖区内公务员的综合管理工作。上级公务员主管部门指导下级公务员主管部门的公务员管理工作。各级公务员主管部门指导同级各机关的公务员管理工作。

第二章 公务员的条件、义务与权利

第十一条 公务员应当具备下列条件：

（一）具有中华人民共和国国籍；

（二）年满十八周岁；

（三）拥护中华人民共和国宪法；

（四）具有良好的品行；

（五）具有正常履行职责的身体条件；

（六）具有符合职位要求的文化程度和工作能力；

（七）法律规定的其他条件。

第十二条 公务员应当履行下列义务：

（一）模范遵守宪法和法律；

（二）按照规定的权限和程序认真履行职责，努力提高工作效率；

（三）全心全意为人民服务，接受人民监督；

（四）维护国家的安全、荣誉和利益；

（五）忠于职守，勤勉尽责，服从和执行上级依法作出的决定和命令；

（六）保守国家秘密和工作秘密；

（七）遵守纪律，恪守职业道德，模范遵守社会公德；

（八）清正廉洁，公道正派；

（九）法律规定的其他义务。

第十三条 公务员享有下列权利：

（一）获得履行职责应当具有的工作条件；

（二）非因法定事由、非经法定程序，不被免职、降职、辞退或者处分；

（三）获得工资报酬，享受福利、保险待遇；

（四）参加培训；

（五）对机关工作和领导人员提出批评和建议；

（六）提出申诉和控告；

（七）申请辞职；

（八）法律规定的其他权利。

第三章　职务与级别

第十四条　国家实行公务员职位分类制度。

公务员职位类别按照公务员职位的性质、特点和管理需要，划分为综合管理类、专业技术类和行政执法类等类别。国务院根据本法，对于具有职位特殊性，需要单独管理的，可以增设其他职位类别。各职位类别的适用范围由国家另行规定。

第十五条　国家根据公务员职位类别设置公务员职务序列。

第十六条　公务员职务分为领导职务和非领导职务。

领导职务层次分为：国家级正职、国家级副职、省部级正职、省部级副职、厅局级正职、厅局级副职、县处级正职、县处级副职、乡科级正职、乡科级副职。

非领导职务层次在厅局级以下设置。

第十七条　综合管理类的领导职务根据宪法、有关法律、职务层次和机构规格设置确定。

综合管理类的非领导职务分为：巡视员、副巡视员、调研员、副调研员、主任科员、副主任科员、科员、办事员。

综合管理类以外其他职位类别公务员的职务序列，根据本法由国家另行规定。

第十八条　各机关依照确定的职能、规格、编制限额、职数以及结构比例，设置本机关公务员的具体职位，并确定各职位的工作职责和任职资格条件。

第十九条　公务员的职务应当对应相应的级别。公务员职务与级别的对应关系，由国务院规定。

公务员的职务与级别是确定公务员工资及其他待遇的依据。

公务员的级别根据所任职务及其德才表现、工作实绩和资历确定。公务员在同一职务上，可以按照国家规定晋升级别。

第二十条 国家根据人民警察以及海关、驻外外交机构公务员的工作特点，设置与其职务相对应的衔级。

第四章 录 用

第二十一条 录用担任主任科员以下及其他相当职务层次的非领导职务公务员，采取公开考试、严格考察、平等竞争、择优录取的办法。

民族自治地方依照前款规定录用公务员时，依照法律和有关规定对少数民族报考者予以适当照顾。

第二十二条 中央机关及其直属机构公务员的录用，由中央公务员主管部门负责组织。地方各级机关公务员的录用，由省级公务员主管部门负责组织，必要时省级公务员主管部门可以授权设区的市级公务员主管部门组织。

第二十三条 报考公务员，除应当具备本法第十一条规定的条件外，还应当具备省级以上公务员主管部门规定的拟任职位所要求的资格条件。

国家对行政机关中初次从事行政处罚决定审核、行政复议、行政裁决、法律顾问的公务员实行统一法律职业资格考试制度，由国务院司法行政部门商有关部门组织实施。

第二十四条 下列人员不得录用为公务员：

（一）曾因犯罪受过刑事处罚的；

（二）曾被开除公职的；

（三）有法律规定不得录用为公务员的其他情形的。

第二十五条 录用公务员，必须在规定的编制限额内，并有相应的职位空缺。

第二十六条 录用公务员，应当发布招考公告。招考公告应当载明招考的职位、名额、报考资格条件、报考需要提交的申请材料以及其他报考须知事项。

招录机关应当采取措施，便利公民报考。

第二十七条 招录机关根据报考资格条件对报考申请进行审查。报考者提交的申请材料应当真实、准确。

第二十八条 公务员录用考试采取笔试和面试的方式进行，考试内容根据公务员应当具备的基本能力和不同职位类别分别设置。

第二十九条 招录机关根据考试成绩确定考察人选，并对其进行报考资格复审、考察和体检。

体检的项目和标准根据职位要求确定。具体办法由中央公务员主管部门会同国务院卫生行政部门规定。

第三十条 招录机关根据考试成绩、考察情况和体检结果，提出拟录用人员名单，并予以公示。

公示期满，中央一级招录机关将拟录用人员名单报中央公务员主管部门备案；地方各级招录机关将拟录用人员名单报省级或者设区的市级公务员主管部门审批。

第三十一条 录用特殊职位的公务员，经省级以上公务员主管部门批准，可以简化程序或者采用其他测评办法。

第三十二条 新录用的公务员试用期为一年。试用期满合格的，予以任职；不合格的，取消录用。

第五章 考 核

第三十三条 对公务员的考核，按照管理权限，全面考核公务员的德、能、勤、绩、廉，重点考核工作实绩。

第三十四条 公务员的考核分为平时考核和定期考核。定期考核以平时考核为基础。

第三十五条 对非领导成员公务员的定期考核采取年度考核的方式，先由个人按照职位职责和有关要求进行总结，主管领导在听取群众意见后，提出考核等次建议，由本机关负责人或者授权的考核委员会确定考核等次。

对领导成员的定期考核，由主管机关按照有关规定办理。

第三十六条 定期考核的结果分为优秀、称职、基本称职和不称职四个等次。

定期考核的结果应当以书面形式通知公务员本人。

第三十七条 定期考核的结果作为调整公务员职务、级别、工资以及公务员奖励、培训、辞退的依据。

第六章 职务任免

第三十八条 公务员职务实行选任制和委任制。

领导成员职务按照国家规定实行任期制。

第三十九条 选任制公务员在选举结果生效时即任当选职务；任期届满不再连任，或者任期内辞职、被罢免、被撤职的，其所任职务即终止。

第四十条 委任制公务员遇有试用期满考核合格、职务发生变化、不再担任公务员职务以及其他情形需要任免职务的，应当按照管理权限和规定的程序任免其职务。

第四十一条 公务员任职必须在规定的编制限额和职数内进行，并有相应的职位空缺。

第四十二条 公务员因工作需要在机关外兼职，应当经有关机关批准，并不得领取兼职报酬。

第七章 职务升降

第四十三条 公务员晋升职务，应当具备拟任职务所要求的思想政治素质、工作能力、文化程度和任职经历等方面的条件和资格。

公务员晋升职务，应当逐级晋升。特别优秀的或者工作特殊需要的，可以按照规定破格或者越一级晋升职务。

第四十四条 公务员晋升领导职务，按照下列程序办理：

（一）民主推荐，确定考察对象；

（二）组织考察，研究提出任职建议方案，并根据需要在一定范围内进行酝酿；

（三）按照管理权限讨论决定；

（四）按照规定履行任职手续。

公务员晋升非领导职务，参照前款规定的程序办理。

第四十五条 机关内设机构厅局级正职以下领导职务出现空缺时，可以在本机关或者本系统内通过竞争上岗的方式，产生任职人选。

厅局级正职以下领导职务或者副调研员以上及其他相当职务层次的非领导职务出现空缺，可以面向社会公开选拔，产生任职人选。

确定初任法官、初任检察官的任职人选，可以面向社会，从通过国家统一法律职业资格考试取得法律职业资格的人员中公开选拔。

第四十六条 公务员晋升领导职务的，应当按照有关规定实行任职前公示制度和任职试用期制度。

第四十七条 公务员在定期考核中被确定为不称职的，按照规定程序降低一个职务层次任职。

第八章 奖 励

第四十八条 对工作表现突出，有显著成绩和贡献，或者有其他突出事迹的公务员或者公务员集体，给予奖励。奖励坚持精神奖励与物质奖励相结合、以精神奖励为主的原则。

公务员集体的奖励适用于按照编制序列设置的机构或者为完成专项任务组成的工作集体。

第四十九条 公务员或者公务员集体有下列情形之一的，给予奖励：

（一）忠于职守，积极工作，成绩显著的；

（二）遵守纪律，廉洁奉公，作风正派，办事公道，模范作用突出的；

（三）在工作中有发明创造或者提出合理化建议，取得显著经济效益或者社会效益的；

（四）为增进民族团结、维护社会稳定做出突出贡献的；

（五）爱护公共财产，节约国家资财有突出成绩的；

（六）防止或者消除事故有功，使国家和人民群众利益免受或者减少损失的；

（七）在抢险、救灾等特定环境中奋不顾身，做出贡献的；

（八）同违法违纪行为作斗争有功绩的；

（九）在对外交往中为国家争得荣誉和利益的；

（十）有其他突出功绩的。

第五十条 奖励分为：嘉奖、记三等功、记二等功、记一等功、授予荣誉称号。

对受奖励的公务员或者公务员集体予以表彰，并给予一次性奖金或者其他待遇。

第五十一条 给予公务员或者公务员集体奖励，按照规定的权限和程序决定或者审批。

第五十二条 公务员或者公务员集体有下列情形之一的，撤销奖励：

（一）弄虚作假，骗取奖励的；

（二）申报奖励时隐瞒严重错误或者严重违反规定程序的；

（三）有法律、法规规定应当撤销奖励的其他情形的。

第九章 惩 戒

第五十三条 公务员必须遵守纪律，不得有下列行为：

（一）散布有损国家声誉的言论，组织或者参加旨在反对国家的集会、游行、示威等活动；

（二）组织或者参加非法组织，组织或者参加罢工；

（三）玩忽职守，贻误工作；

（四）拒绝执行上级依法作出的决定和命令；

（五）压制批评，打击报复；

（六）弄虚作假，误导、欺骗领导和公众；

（七）贪污、行贿、受贿，利用职务之便为自己或者他人谋取私利；

（八）违反财经纪律，浪费国家资财；

（九）滥用职权，侵害公民、法人或者其他组织的合法权益；

（十）泄露国家秘密或者工作秘密；

（十一）在对外交往中损害国家荣誉和利益；

（十二）参与或者支持色情、吸毒、赌博、迷信等活动；

（十三）违反职业道德、社会公德；

（十四）从事或者参与营利性活动，在企业或者其他营利性组织中兼任职务；

（十五）旷工或者因公外出、请假期满无正当理由逾期不归；

（十六）违反纪律的其他行为。

第五十四条　公务员执行公务时，认为上级的决定或者命令有错误的，可以向上级提出改正或者撤销该决定或者命令的意见；上级不改变该决定或者命令，或者要求立即执行的，公务员应当执行该决定或者命令，执行的后果由上级负责，公务员不承担责任；但是，公务员执行明显违法的决定或者命令的，应当依法承担相应的责任。

第五十五条　公务员因违法违纪应当承担纪律责任的，依照本法给予处分；违纪行为情节轻微，经批评教育后改正的，可以免予处分。

第五十六条　处分分为：警告、记过、记大过、降级、撤职、开除。

第五十七条　对公务员的处分，应当事实清楚、证据确凿、定性准确、处理恰当、程序合法、手续完备。

公务员违纪的，应当由处分决定机关决定对公务员违纪的情况进行调查，并将调查认定的事实及拟给予处分的依据告知公务员本人。公务员有权进行陈述和申辩。

处分决定机关认为对公务员应当给予处分的，应当在规定的期限内，按照管理权限和规定的程序作出处分决定。处分决定应当以书面形式通知公务员本人。

第五十八条 公务员在受处分期间不得晋升职务和级别，其中受记过、记大过、降级、撤职处分的，不得晋升工资档次。

受处分的期间为：警告，六个月；记过，十二个月；记大过，十八个月；降级、撤职，二十四个月。

受撤职处分的，按照规定降低级别。

第五十九条 公务员受开除以外的处分，在受处分期间有悔改表现，并且没有再发生违纪行为的，处分期满后，由处分决定机关解除处分并以书面形式通知本人。

解除处分后，晋升工资档次、级别和职务不再受原处分的影响。但是，解除降级、撤职处分的，不视为恢复原级别、原职务。

第十章 培 训

第六十条 机关根据公务员工作职责的要求和提高公务员素质的需要，对公务员进行分级分类培训。

国家建立专门的公务员培训机构。机关根据需要也可以委托其他培训机构承担公务员培训任务。

第六十一条 机关对新录用人员应当在试用期内进行初任培训；对晋升领导职务的公务员应当在任职前或者任职后一年内进行任职培训；对从事专项工作的公务员应当进行专门业务培训；对全体公务员应当进行更新知识、提高工作能力的在职培训，其中对担任专业技术职务的公务员，应当按照专业技术人员继续教育的要求，进行专业技术培训。

国家有计划地加强对后备领导人员的培训。

第六十二条 公务员的培训实行登记管理。

公务员参加培训的时间由公务员主管部门按照本法第六十一条规定的培训要求予以确定。

公务员培训情况、学习成绩作为公务员考核的内容和任职、晋升的依据之一。

第十一章　交流与回避

第六十三条 国家实行公务员交流制度。

公务员可以在公务员队伍内部交流，也可以与国有企业事业单位、人民团体和群众团体中从事公务的人员交流。

交流的方式包括调任、转任和挂职锻炼。

第六十四条 国有企业事业单位、人民团体和群众团体中从事公务的人员可以调入机关担任领导职务或者副调研员以上及其他相当职务层次的非领导职务。调任人选应当具备本法第十一条规定的条件和拟任职位所要求的资格条件，并不得有本法第二十四条规定的情形。调任机关应当根据上述规定，对调任人选进行严格考察，并按照管理权限审批，必要时可以对调任人选进行考试。

第六十五条 公务员在不同职位之间转任应当具备拟任职位所要求的资格条件，在规定的编制限额和职数内进行。

对省部级正职以下的领导成员应当有计划、有重点地实行跨地区、跨部门转任。

对担任机关内设机构领导职务和工作性质特殊的非领导职务的公务员，应当有计划地在本机关内转任。

第六十六条 根据培养锻炼公务员的需要，可以选派公务员到下级机关或者上级机关、其他地区机关以及国有企业事业单位挂职锻炼。

公务员在挂职锻炼期间，不改变与原机关的人事关系。

第六十七条 公务员应当服从机关的交流决定。

公务员本人申请交流的，按照管理权限审批。

第六十八条 公务员之间有夫妻关系、直系血亲关系、三代以内旁系血亲关系以及近姻亲关系的，不得在同一机关担任双方直接隶属于同一领导人员的职务或者有直接上下级领导关系的职务，也不得在其中一方担任领导职务的机关从事组织、人事、纪检、监察、审计和财务工作。

因地域或者工作性质特殊，需要变通执行任职回避的，由省级以上公务员主管部门规定。

第六十九条 公务员担任乡级机关、县级机关及其有关部门主要领导职务的，应当实行地域回避，法律另有规定的除外。

第七十条 公务员执行公务时，有下列情形之一的，应当回避：

（一）涉及本人利害关系的；

（二）涉及与本人有本法第六十八条第一款所列亲属关系人员的利害关系的；

（三）其他可能影响公正执行公务的。

第七十一条 公务员有应当回避情形的，本人应当申请回避；利害关系人有权申请公务员回避。其他人员可以向机关提供公务员需要回避的情况。

机关根据公务员本人或者利害关系人的申请，经审查后作出是否回避的决定，也可以不经申请直接作出回避决定。

第七十二条 法律对公务员回避另有规定的，从其规定。

第十二章 工资福利保险

第七十三条 公务员实行国家统一的职务与级别相结合的工资制度。

公务员工资制度贯彻按劳分配的原则，体现工作职责、工作能力、工作实绩、资历等因素，保持不同职务、级别之间的合理工资差距。

国家建立公务员工资的正常增长机制。

第七十四条 公务员工资包括基本工资、津贴、补贴和奖金。

公务员按照国家规定享受地区附加津贴、艰苦边远地区津贴、岗位津贴等津贴。

公务员按照国家规定享受住房、医疗等补贴、补助。

公务员在定期考核中被确定为优秀、称职的，按照国家规定享受年终奖金。

公务员工资应当按时足额发放。

第七十五条 公务员的工资水平应当与国民经济发展相协调、与社会进步相适应。

国家实行工资调查制度，定期进行公务员和企业相当人员工资水平的调查比较，并将工资调查比较结果作为调整公务员工资水平的依据。

第七十六条 公务员按照国家规定享受福利待遇。国家根据经济社会发展水平提高公务员的福利待遇。

公务员实行国家规定的工时制度，按照国家规定享受休假。公务员在法定工作日之外加班的，应当给予相应的补休。

第七十七条 国家建立公务员保险制度，保障公务员在退休、患病、工伤、生育、失业等情况下获得帮助和补偿。

公务员因公致残的，享受国家规定的伤残待遇。公务员因公牺牲、因公死亡或者病故的，其亲属享受国家规定的抚恤和优待。

第七十八条 任何机关不得违反国家规定自行更改公务员工资、福利、保险政策，擅自提高或者降低公务员的工资、福利、保险待遇。任何机关不得扣减或者拖欠公务员的工资。

第七十九条 公务员工资、福利、保险、退休金以及录用、培训、奖励、辞退等所需经费，应当列入财政预算，予以保障。

第十三章　辞职辞退

第八十条　公务员辞去公职，应当向任免机关提出书面申请。任免机关应当自接到申请之日起三十日内予以审批，其中对领导成员辞去公职的申请，应当自接到申请之日起九十日内予以审批。

第八十一条　公务员有下列情形之一的，不得辞去公职：

（一）未满国家规定的最低服务年限的；

（二）在涉及国家秘密等特殊职位任职或者离开上述职位不满国家规定的脱密期限的；

（三）重要公务尚未处理完毕，且须由本人继续处理的；

（四）正在接受审计、纪律审查，或者涉嫌犯罪，司法程序尚未终结的；

（五）法律、行政法规规定的其他不得辞去公职的情形。

第八十二条　担任领导职务的公务员，因工作变动依照法律规定需要辞去现任职务的，应当履行辞职手续。

担任领导职务的公务员，因个人或者其他原因，可以自愿提出辞去领导职务。

领导成员因工作严重失误、失职造成重大损失或者恶劣社会影响的，或者对重大事故负有领导责任的，应当引咎辞去领导职务。

领导成员应当引咎辞职或者因其他原因不再适合担任现任领导职务，本人不提出辞职的，应当责令其辞去领导职务。

第八十三条　公务员有下列情形之一的，予以辞退：

（一）在年度考核中，连续两年被确定为不称职的；

（二）不胜任现职工作，又不接受其他安排的；

（三）因所在机关调整、撤销、合并或者缩减编制员额需要调整工作，本人拒绝合理安排的；

（四）不履行公务员义务，不遵守公务员纪律，经教育仍无转变，不适合继续在机关工作，又不宜给予开除处分的；

（五）旷工或者因公外出、请假期满无正当理由逾期不归连续超过十五天，或者一年内累计超过三十天的。

第八十四条 对有下列情形之一的公务员，不得辞退：

（一）因公致残，被确认丧失或者部分丧失工作能力的；

（二）患病或者负伤，在规定的医疗期内的；

（三）女性公务员在孕期、产假、哺乳期内的；

（四）法律、行政法规规定的其他不得辞退的情形。

第八十五条 辞退公务员，按照管理权限决定。辞退决定应当以书面形式通知被辞退的公务员。

被辞退的公务员，可以领取辞退费或者根据国家有关规定享受失业保险。

第八十六条 公务员辞职或者被辞退，离职前应当办理公务交接手续，必要时按照规定接受审计。

第十四章　退　休

第八十七条 公务员达到国家规定的退休年龄或者完全丧失工作能力的，应当退休。

第八十八条 公务员符合下列条件之一的，本人自愿提出申请，经任免机关批准，可以提前退休：

（一）工作年限满三十年的；

（二）距国家规定的退休年龄不足五年，且工作年限满二十年的；

（三）符合国家规定的可以提前退休的其他情形的。

第八十九条 公务员退休后，享受国家规定的退休金和其他待遇，国家为其生活和健康提供必要的服务和帮助，鼓励发挥个人专长，参与社会发展。

第十五章　申诉控告

第九十条　公务员对涉及本人的下列人事处理不服的，可以自知道该人事处理之日起三十日内向原处理机关申请复核；对复核结果不服的，可以自接到复核决定之日起十五日内，按照规定向同级公务员主管部门或者作出该人事处理的机关的上一级机关提出申诉；也可以不经复核，自知道该人事处理之日起三十日内直接提出申诉：

（一）处分；

（二）辞退或者取消录用；

（三）降职；

（四）定期考核定为不称职；

（五）免职；

（六）申请辞职、提前退休未予批准；

（七）未按规定确定或者扣减工资、福利、保险待遇；

（八）法律、法规规定可以申诉的其他情形。

对省级以下机关作出的申诉处理决定不服的，可以向作出处理决定的上一级机关提出再申诉。

行政机关公务员对处分不服向行政监察机关申诉的，按照《中华人民共和国行政监察法》的规定办理。

第九十一条　原处理机关应当自接到复核申请书后的三十日内作出复核决定。受理公务员申诉的机关应当自受理之日起六十日内作出处理决定；案情复杂的，可以适当延长，但是延长时间不得超过三十日。

复核、申诉期间不停止人事处理的执行。

第九十二条　公务员申诉的受理机关审查认定人事处理有错误的，原处理机关应当及时予以纠正。

第九十三条　公务员认为机关及其领导人员侵犯其合法权益的，可以依法向上级机关或者有关的专门机关提出控告。受理控告的机关应当按照规定及时处理。

第九十四条　公务员提出申诉、控告，不得捏造事实，诬告、陷害他人。

第十六章　职位聘任

第九十五条　机关根据工作需要，经省级以上公务员主管部门批准，可以对专业性较强的职位和辅助性职位实行聘任制。

前款所列职位涉及国家秘密的，不实行聘任制。

第九十六条　机关聘任公务员可以参照公务员考试录用的程序进行公开招聘，也可以从符合条件的人员中直接选聘。

机关聘任公务员应当在规定的编制限额和工资经费限额内进行。

第九十七条　机关聘任公务员，应当按照平等自愿、协商一致的原则，签订书面的聘任合同，确定机关与所聘公务员双方的权利、义务。聘任合同经双方协商一致可以变更或者解除。

聘任合同的签订、变更或者解除，应当报同级公务员主管部门备案。

第九十八条　聘任合同应当具备合同期限，职位及其职责要求，工资、福利、保险待遇，违约责任等条款。

聘任合同期限为一年至五年。聘任合同可以约定试用期，试用期为一个月至六个月。

聘任制公务员按照国家规定实行协议工资制，具体办法由中央公务员主管部门规定。

第九十九条　机关依据本法和聘任合同对所聘公务员进行管理。

第一百条　国家建立人事争议仲裁制度。

人事争议仲裁应当根据合法、公正、及时处理的原则，依法维护争议双方的合法权益。

人事争议仲裁委员会根据需要设立。人事争议仲裁委员会由公务员主管部门的代表、聘用机关的代表、聘任制公务员的代表以及法律专家组成。

聘任制公务员与所在机关之间因履行聘任合同发生争议的，可以自争议发生之日起六十日内向人事争议仲裁委员会申请仲裁。当事人对仲裁裁决不服的，可以自接到仲裁裁决书之日起十五日内向人民法院提起诉讼。仲裁裁决生效后，一方当事人不履行的，另一方当事人可以申请人民法院执行。

第十七章　法律责任

第一百零一条　对有下列违反本法规定情形的，由县级以上领导机关或者公务员主管部门按照管理权限，区别不同情况，分别予以责令纠正或者宣布无效；对负有责任的领导人员和直接责任人员，根据情节轻重，给予批评教育或者处分；构成犯罪的，依法追究刑事责任：

（一）不按编制限额、职数或者任职资格条件进行公务员录用、调任、转任、聘任和晋升的；

（二）不按规定条件进行公务员奖惩、回避和办理退休的；

（三）不按规定程序进行公务员录用、调任、转任、聘任、晋升、竞争上岗、公开选拔以及考核、奖惩的；

（四）违反国家规定，更改公务员工资、福利、保险待遇标准的；

（五）在录用、竞争上岗、公开选拔中发生泄露试题、违反考场纪律以及其他严重影响公开、公正的；

（六）不按规定受理和处理公务员申诉、控告的；

（七）违反本法规定的其他情形的。

第一百零二条 公务员辞去公职或者退休的，原系领导成员的公务员在离职三年内，其他公务员在离职两年内，不得到与原工作业务直接相关的企业或者其他营利性组织任职，不得从事与原工作业务直接相关的营利性活动。

公务员辞去公职或者退休后有违反前款规定行为的，由其原所在机关的同级公务员主管部门责令限期改正；逾期不改正的，由县级以上工商行政管理部门没收该人员从业期间的违法所得，责令接收单位将该人员予以清退，并根据情节轻重，对接收单位处以被处罚人员违法所得一倍以上五倍以下的罚款。

第一百零三条 机关因错误的具体人事处理对公务员造成名誉损害的，应当赔礼道歉、恢复名誉、消除影响；造成经济损失的，应当依法给予赔偿。

第一百零四条 公务员主管部门的工作人员，违反本法规定，滥用职权、玩忽职守、徇私舞弊，构成犯罪的，依法追究刑事责任；尚不构成犯罪的，给予处分。

第十八章　附　则

第一百零五条 本法所称领导成员，是指机关的领导人员，不包括机关内设机构担任领导职务的人员。

第一百零六条 法律、法规授权的具有公共事务管理职能的事业单位中除工勤人员以外的工作人员，经批准参照本法进行管理。

第一百零七条 本法自 2006 年 1 月 1 日起施行。全国人民代表大会常务委员会 1957 年 10 月 23 日批准、国务院 1957 年 10 月 26 日公布的《国务院关于国家行政机关工作人员的奖惩暂行规定》、1993 年 8 月 14 日国务院公布的《国家公务员暂行条例》同时废止。

附　录

公务员录用规定（试行）

中华人民共和国人事部令
第 7 号

《公务员录用规定（试行）》已经人事部部务会议审议通过，现予发布，自公布之日起施行。

人事部部长
二〇〇七年十一月六日

第一章　总　则

第一条　为了规范公务员录用工作，保证新录用公务员的基本素质，根据公务员法，制定本规定。

第二条　本规定适用于各级机关录用担任主任科员以下及其他相当职务层次的非领导职务公务员。

第三条　录用公务员，坚持公开、平等、竞争、择优的原则，按照德才兼备的标准，采取考试与考察相结合的方法进行。

第四条　录用公务员，必须在规定的编制限额内，并有相应的职位空缺。

第五条　录用公务员，应当按照下列程序进行：

（一）发布招考公告；

（二）报名与资格审查；

（三）考试；

（四）考察与体检；

（五）公示、审批或备案。

必要时，省级以上公务员主管部门可以对上述程序进行调整。

录用特殊职位的公务员，经省级以上公务员主管部门批准，可以简化程序。

第六条 民族自治地方录用公务员时，依照法律和有关规定对少数民族报考者予以适当照顾。具体办法由省级以上公务员主管部门确定。

第七条 公务员主管部门和招录机关应当采取措施，便利公民报考。

第二章　管理机构

第八条 中央公务员主管部门负责全国公务员录用的综合管理工作。具体包括：

（一）拟定公务员录用法规；

（二）制定公务员录用的规章、政策；

（三）指导和监督地方各级机关公务员的录用工作。

中央公务员主管部门负责组织中央机关及其直属机构公务员的录用。

第九条 省级公务员主管部门负责本辖区公务员录用的综合管理工作。具体包括：

（一）贯彻国家有关公务员录用的法律、法规、规章和政策；

（二）根据公务员法和本规定，制定本辖区内公务员录用实施办法；

（三）负责组织本辖区内各级机关公务员的录用；

（四）指导和监督设区的市级以下各级机关公务员录用工作；

（五）承办中央公务员主管部门委托的公务员录用有关工作。

必要时，省级公务员主管部门可以授权设区的市级公务员主管部门组织本辖区内公务员的录用。

第十条 设区的市级以下各级公务员主管部门按照省级公务员主管部门的规定，负责本辖区内公务员录用的有关工作。

第十一条 招录机关按照公务员主管部门的要求，承担本机关公务员录用的有关工作。

第三章 录用计划与招考公告

第十二条 招录机关根据职位空缺情况和职位要求，提出招考的职位、名额和报考资格条件，拟定录用计划。

第十三条 中央机关及其直属机构的录用计划，由中央公务员主管部门审定。

省级机关及其直属机构的录用计划，由省级公务员主管部门审定。设区的市级以下机关录用计划的申报程序和审批权限，由省级公务员主管部门规定。

第十四条 省级以上公务员主管部门依据有关法律、法规、规章和政策，制定招考工作方案。

设区的市级公务员主管部门经授权组织本辖区公务员录用时，其招考工作方案应当报经省级公务员主管部门审核同意。

第十五条 公务员主管部门依据招考工作方案，制定招考公告，面向社会发布。招考公告应当载明以下内容：

（一）招录机关、招考职位、名额和报考资格条件；

（二）报名方式方法、时间和地点；

（三）报考需要提交的申请材料；

（四）考试科目、时间和地点；

（五）其他须知事项。

第四章　报名与资格审查

第十六条　报考公务员，应当具备下列资格条件：

（一）具有中华人民共和国国籍；

（二）年龄为十八周岁以上，三十五周岁以下；

（三）拥护中华人民共和国宪法；

（四）具有良好的品行；

（五）具有正常履行职责的身体条件；

（六）具有符合职位要求的工作能力；

（七）具有大专以上文化程度；

（八）省级以上公务员主管部门规定的拟任职位所要求的资格条件；

（九）法律、法规规定的其他条件。

前款第（二）、（七）项所列条件，经省级以上公务员主管部门批准，可以适当调整。

公务员主管部门和招录机关不得设置与职位要求无关的报考资格条件。

第十七条　下列人员不得报考公务员：

（一）曾因犯罪受过刑事处罚的；

（二）曾被开除公职的；

（三）有法律规定不得录用为公务员的其他情形的。

第十八条　报考者不得报考与招录机关公务员有公务员法第六十八条所列情形的职位。

第十九条　报考者应当向招录机关提交报考申请材料，报考者提交的申请材料应当真实、准确。

招录机关根据报考资格条件对报考申请进行审查，在规定时间内确认报考者是否具有报考资格。

第五章 考 试

第二十条 公务员录用考试采取笔试和面试的方式进行，考试内容根据公务员应当具备的基本能力和不同职位类别分别设置。

第二十一条 笔试包括公共科目和专业科目。公共科目由中央公务员主管部门统一确定。专业科目由省级以上公务员主管部门根据需要设置。

第二十二条 笔试结束后，招录机关按照省级以上公务员主管部门的规定，根据笔试成绩由高到低确定面试人选。

面试由省级以上公务员主管部门组织实施，也可以委托招录机关或授权设区的市级公务员主管部门组织实施。

面试的内容和方法，由省级以上公务员主管部门规定。

面试应当组成面试考官小组。面试考官小组由具有面试考官资格的人员组成。面试考官资格的认定与管理，由省级以上公务员主管部门负责。

第二十三条 录用特殊职位的公务员，经省级以上公务员主管部门批准，可以采用其他测评办法。

第六章 考察与体检

第二十四条 招录机关按照省级以上公务员主管部门的规定，根据报考者的考试成绩由高到低的顺序确定考察人选，并对其进行报考资格复审和考察。

第二十五条 报考资格复审主要核实报考者是否符合规定的报考资格条件，确认其报名时提交的信息和材料是否真实、准确。

第二十六条 考察内容主要包括报考者的政治思想、道德品质、能力素质、学习和工作表现、遵纪守法、廉洁自律以及是否需要回避等方面的情况。

考察应当组成考察组，考察组由两人以上组成。考察组应当广泛听取意见，做到全面、客观、公正，并据实写出考察材料。

第二十七条 体检工作由设区的市级以上公务员主管部门负责组织，招录机关实施。

体检的项目和标准依照国家统一规定执行。

体检应当在设区的市级以上公务员主管部门指定的医疗机构进行。体检完毕，主检医生应当审核体检结果并签名，医疗机构加盖公章。

招录机关或者报考者对体检结果有疑问的，可以按照规定提出复检。必要时，设区的市级以上公务员主管部门可以要求体检对象复检。

第七章 公示、审批或备案

第二十八条 招录机关根据报考者的考试成绩、考察情况和体检结果，择优提出拟录用人员名单，向社会公示。

公示时间为七天。公示内容包括招录机关名称、拟录用人员姓名、性别、准考证号、毕业院校或者工作单位、监督电话以及省级以上公务员主管部门规定的其他事项。

公示期满，对没有问题或者反映问题不影响录用的，按照规定程序办理审批或备案手续；对有严重问题并查有实据的，不予录用；对反映有严重问题，但一时难以查实的，暂缓录用，待查实并做出结论后再决定是否录用。

第二十九条 中央机关及其直属机构拟录用人员名单报中央公务员主管部门备案；地方各级招录机关拟录用人员名单报省级或者设区的市级公务员主管部门审批。

第三十条 新录用的公务员试用期为一年。试用期内，由招录机关对新录用的公务员进行考察，并安排必要的培训。试用期满合格的，予以任职；试用期不合格的，取消录用。中央机关取消录用的，报中央公务员主管部门备案。地方各级机关取消录用的审批权限由省级公务员主管部门规定。

第八章　纪律与监督

第三十一条　公务员录用工作要接受监督。公务员主管部门和招录机关应当及时受理举报，并按管理权限处理。

第三十二条　从事录用工作的人员凡有公务员法第七十条所列情形的，应当实行回避。

第三十三条　有下列情形之一的，由省级以上公务员主管部门或设区的市级公务员主管部门，视情况分别予以责令纠正或者宣布无效；对负有领导责任和直接责任的人员，根据情节轻重，给予批评教育、调离录用工作岗位或者给予处分；构成犯罪的，依法追究刑事责任：

（一）不按规定的编制限额和职位要求进行录用的；

（二）不按规定的资格条件和程序录用的；

（三）未经授权，擅自出台、变更录用政策，造成不良影响的；

（四）录用工作中徇私舞弊，情节严重的。

第三十四条　从事录用工作的人员有下列情形之一的，由公务员主管部门或所在单位，视情节轻重，给予批评教育、调离录用工作岗位或者给予处分；构成犯罪的，依法追究刑事责任：

（一）泄露试题和其他考录秘密信息的；

（二）利用工作便利，伪造考试成绩或者其他招考工作的有关资料的；

（三）利用工作便利，协助报考者考试作弊的；

（四）因工作失职，导致招考工作重新进行的；

（五）违反录用工作纪律的其他行为。

第三十五条　对违反录用纪律的报考者，视情节轻重，分别给予批评教育，取消考试、考察和体检资格，不予录用或取消录用等处理。其中，有舞弊等严重违反录用纪律行为的，五年内不得报考公务员。构成犯罪的，依法追究刑事责任。

第九章　附　则

第三十六条　参照公务员法管理的机关（单位）录用工勤人员以外的工作人员，参照本规定执行。

第三十七条　公务员录用所需经费，应当列入财政预算，予以保障。

第三十八条　本规定由中央公务员主管部门负责解释。

第三十九条　本规定自发布之日起施行。1994 年 6 月 7 日发布的《国家公务员录用暂行规定》（人录发〔1994〕1 号）和 1996 年 9 月 10 日发布的《公安机关人民警察录用办法》（人发〔1996〕84 号）同时废止。

公务员录用面试组织管理办法（试行)

中共中央组织部、人力资源社会保障部、国家公务员局
关于印发《公务员录用面试组织管理办法（试行)》的通知
人社部发〔2015〕93 号

各省、自治区、直辖市党委组织部，政府人力资源社会保障厅（局)、公务员局，中央和国家机关各部委、各人民团体干部人事部门，新疆生产建设兵团党委组织部、人力资源社会保障局、公务员局：

现将《公务员录用面试组织管理办法（试行)》印发给你们，请认真执行。

中共中央组织部
人力资源社会保障部
国家公务员局
2015 年 11 月 18 日

第一章　总　则

第一条　为规范公务员录用面试工作，根据公务员法、《公务员录用规定（试行)》，制定本办法。

第二条　本办法适用于各级机关考试录用主任科员以下及其他相当职务层次的非领导职务公务员的面试工作。

第三条　面试工作坚持依法、公平、公正、科学、安全的原则。

第四条　面试由省级以上公务员主管部门组织实施，也可委托省级以上招录机关或授权设区的市级公务员主管部门组织实施。

根据职责分工，人事考试机构可承担面试考务等有关工作。

第五条 组织实施面试应当制定工作方案，明确面试方法、实施步骤与流程、考场设置要求、面试题本命制与管理以及面试工作人员职责等。

第二章 面试试题命制与管理

第六条 省级以上公务员主管部门组织命制或审定面试试题。根据职责分工，省级以上组织人事考试机构承担面试试题命制等有关工作。也可以委托专门机构承担面试试题命制等支持与服务工作。

经中央公务员主管部门委托，中央一级招录机关可以组织命制适合本单位（本系统）的面试试题。

第七条 命制面试试题应制定工作方案，科学设置面试测评要素、试卷结构、试题数量等。测评要素根据招录职位所需能力素质确定。

第八条 试题命制单位应按照命题规范开展试题命制、征集、评审和组配，编制面试题本。

面试题本一般包括面试试题、测评要素、评分参考等内容。

第九条 面试命题人员应当熟悉公务员录用制度和相关政策、命题规范和要求，掌握一定的人才测评理论与技术，具备相应题型的命题能力和水平。

第十条 命题场所应当符合保密工作条件要求。命题时应当使用专用设备，设备和命题素材应由专人保管。

第十一条 面试题本应当在具有国家秘密载体印制资质的单位印制。

第十二条 面试题本应按照统一的规格封装和配发，并严格按照规定的程序和要求进行传递、交接、保管、分发、使用。

第十三条 在面试题本传递、交接、保管、分发、使用过程中，发生失密、泄密以及其他重大异常情况的，应当立即采取有效措施控制事态发展，查清失泄密范围和原因，并向省级以上公务员主管部门报告。

第十四条 面试题本使用完毕，应当及时回收，保存至面试工作结束后，按照国家保密规定进行销毁。

第三章 面试考场管理

第十五条 面试考场应当设置在相对独立、安静、便利的地方，并符合安全管理要求。

面试考场根据需要设置面试室、候考室、备考室、考务办公室等，各区域实行封闭管理。

第十六条 面试期间，禁止在面试考场内使用各种电子、通信、计算、存储等设备，面试组织实施工作必需的相关设备除外。

面试考官、考生和相关面试工作人员应将手机等禁止使用和携带的设备交由指定的工作人员统一保管。

第十七条 面试室应当配备录像或录音设备，对面试过程全程记录。

第四章 面试考官管理

第十八条 面试考官应当具有良好的政治素质，有比较丰富的人事管理、人才测评等方面的经验或具有一定年限的机关工作经历，品行优良，公道正派，自觉遵守法律法规，严守工作纪律，恪守行为规范。

担任面试主考官的，除具备上述条件外，还应当能够讲普通话，口齿清晰，表达流畅。

第十九条 担任面试考官前一般应当参加省级以上公务员主管部门专门培训，培训时间不得少于16学时。培训后，经考试考核合格的颁发面试考官资格证书。

第二十条 省级以上公务员主管部门应当对面试考官参加培训情况、面试场次数量和行为表现以及廉洁自律情况等建档登记；对履职情况进行定期评估。评估结果不合格的，不得继续担任面试考官。

第五章 面试工作人员管理

第二十一条 根据面试工作需要，配备计分、计时、核分、引导、技术保障和安全保障等相关工作人员。每个面试室应当配备 1 名监督员。

第二十二条 面试工作人员应当具有良好的政治素质、思想品德和较高的业务能力，能够认真履行职责，遵守有关规定，做到廉洁自律。

第二十三条 面试工作人员应当接受必要的培训，熟悉面试工作要求和流程。

第六章 面试考生管理

第二十四条 面试前，应当对考生提交的有关材料和信息的真实性进行复核。凡有关材料和主要信息不实，影响报考资格审查结果的，按照有关规定取消其面试资格。

第二十五条 面试考生应遵守面试考场纪律，服从面试工作人员管理，诚信参加面试。

第二十六条 考生有权事先获知面试相关要求和注意事项，享有知情权和平等竞争的权利。

第七章 面试实施

第二十七条 面试前应当发布公告。面试公告应当载明面试人员名单、报考职位、面试时间、面试地点、联系方式以及其他须知事项。

第二十八条 面试方法以结构化面试和无领导小组讨论为主，也可以采取其他测评方法。

第二十九条 面试时，应当成立面试考官小组。面试考官小组一般由 7 名考官组成，其中设主考官 1 名。

第三十条 报考同一职位的考生原则上安排在同一考官小组、使用同一套面试题本进行面试。

第三十一条 面试前，应采取考官和考生抽签的办法确定面试室和面试次序。只有 1 个面试考官小组的，考官实行差额抽签确定。

第三十二条 公务员主管部门和招录机关应根据职位特点、面试方法和试题情况，合理确定面试时限，确保能够有效测查考生素质。

第三十三条 面试应当按照规定的程序进行。面试由主考官主持，面试考官按照面试题本要求，依据考生表现进行评分并签字确认。

第三十四条 主考官和面试监督员应对本面试室所有考官履行职责和执行考试纪律情况进行监督，并在评分表上签字确认。面试监督员未到面试现场的，不得进行面试。未经监督员签字认可的，面试成绩无效。

第三十五条 工作人员按照规定的计分方法计算考生的面试成绩，并按规定的时间和方式告知考生。

第八章 安全与保密

第三十六条 公务员主管部门和招录机关应当建立健全面试安全工作制度，加强面试相关材料和信息的管理，确保其安全准确。

第三十七条 面试题本及其相关材料按照国家规定的密级进行管理。

面试组织过程中形成的材料（含数据和音像资料等），由专人建档保管，保存至新录用人员试用期满。

第三十八条 考生个人信息应当受到保护。凡涉及考生个人隐私的信息，应当按有关规定严格控制知晓范围，不得面向社会公布。

第三十九条 面试命题人员、面试考官、面试工作人员、面试考生应当遵守保密规定和要求。

第九章 纪律与监督

第四十条 面试考官、面试工作人员和面试命题人员凡与面试考生有公务员法第七十条所列情形的，应当回避。

第四十一条 对于违反面试纪律的人员；由公务员主管部门、招录机关或其所在单位，按照管理权限和有关规定进行处理。

第四十二条 对未按本办法组织面试的，由省级以上公务员主管部门根据有关规定视情节轻重，予以责令纠正或宣布无效。对于宣布无效的，应当重新组织面试。

第四十三条 公务员主管部门和招录机关应当增加面试工作透明度，主动接受考生和社会监督，及时受理信访、举报。

第十章 附 则

第四十四条 参照公务员法管理的机关（单位）除工勤人员以外的工作人员的录用面试工作参照本办法进行。

第四十五条 省级公务员主管部门根据本办法制定本辖区内公务员录用面试工作实施细则。

第四十六条 本办法自发布之日起施行。

公务员考试录用违纪违规行为处理办法

关于印发《公务员考试录用违纪违规行为处理办法》的通知

人社部发〔2016〕85 号

各省、自治区、直辖市党委组织部、政府人力资源社会保障厅（局）、公务员局，中央和国家机关各部委、各人民团体干部（人事）部门，新疆生产建设兵团党委组织部、人力资源社会保障局、公务员局：

现将《公务员考试录用违纪违规行为处理办法》印发给你们，请遵照执行。在实施中有何问题和建议，请及时报告中共中央组织部、人力资源社会保障部和国家公务员局。

中共中央组织部

人力资源社会保障部

国家公务员局

2016 年 9 月 6 日

第一条 为规范公务员考试录用违纪违规行为的认定与处理，严肃考试纪律，确保考试录用工作公平、公正，根据《中华人民共和国公务员法》等有关规定，制定本办法。

第二条 报考者和工作人员在公务员考试录用中违纪违规行为的认定与处理，适用本办法。

第三条 认定与处理违纪违规行为，应当事实清楚、证据确凿、程序规范、适用规定准确。

第四条 公务员主管部门、招录机关和考试机构及其他相关机构按照公务员考试录用法律法规等规定的职责权限，对报考者和工作人员违纪违规行为进行认定与处理。

第五条　报考者提供的涉及报考资格的申请材料或者信息不实的，由负责资格审查工作的招录机关或者公务员主管部门给予其取消本次报考资格的处理。

报考者有恶意注册报名信息，扰乱报名秩序或者伪造学历证明及其他有关材料骗取考试资格等严重违纪违规行为的，由中央一级招录机关或者设区的市级以上公务员主管部门给予其取消本次报考资格的处理，并记入公务员考试录用诚信档案库，记录期限为五年。

第六条　报考者在考试过程中有下列违纪违规行为之一的，由具体组织实施考试的考试机构、招录机关或者公务员主管部门给予其当次该科目（场次）考试成绩无效的处理：

（一）将规定以外的物品带入考场且未按要求放在指定位置，经提醒仍不改正的；

（二）未在指定座位参加考试，或者未经工作人员允许擅自离开座位或者考场，经提醒仍不改正的；

（三）经提醒仍不按规定填写（填涂）本人信息的；

（四）将试卷、答题纸、答题卡带出考场，或者故意损毁试卷、答题纸、答题卡的；

（五）在试卷、答题纸、答题卡规定以外位置标注本人信息或者其他特殊标记的；

（六）在考试开始信号发出前答题的，或者在考试结束信号发出后继续答题的；

（七）其他应给予当次该科目（场次）考试成绩无效处理的违纪违规行为。

第七条　报考者在考试过程中有下列严重违纪违规行为之一的，给予其取消本次考试资格的处理，并记入公务员考试录用诚信档案库，记录期限为五年：

（一）抄袭、协助抄袭的；

（二）持伪造证件参加考试的；

（三）使用禁止自带的通讯设备或者具有计算、存储功能电子设备的；

（四）其他应给予取消本次考试资格处理的严重违纪违规行为。

报考中央机关及其直属机构公务员的，由中央公务员主管部门或者中央一级招录机关作出处理。报考地方各级机关公务员的，由省级公务员主管部门或者设区的市级公务员主管部门作出处理。

第八条　报考者在考试过程中有下列特别严重违纪违规行为之一的，由中央公务员主管部门或者省级公务员主管部门给予其取消本次考试资格的处理，并记入公务员考试录用诚信档案库，长期记录：

（一）串通作弊或者参与有组织作弊的；

（二）代替他人或者让他人代替自己参加考试的；

（三）其他情节特别严重、影响恶劣的违纪违规行为。

第九条　在阅卷过程中发现报考者之间同一科目作答内容雷同，并经阅卷专家组确认的，由具体组织实施考试的考试机构给予其该科目（场次）考试成绩无效的处理。省级以上考试机构确定作答内容雷同的具体方法和标准。

报考者之间同一科目作答内容雷同，并有其他相关证据证明其作弊行为成立的，视具体情形按照本办法第七条、第八条的规定处理。

第十条　报考者在体检过程中隐瞒影响录用的疾病或者病史的，由招录机关或者公务员主管部门给予其不予录用的处理。有串通工作人员作弊或者请他人顶替体检以及交换、替换化验样本等严重违纪违规行为的，由招录机关或者公务员主管部门给予其不予录用的处理，并由中央一级招录机关或者设区的市级以上公务员主管部门记入公务员考试录用诚信档案库，记录期限为五年。

第十一条　报考者在考察过程中有弄虚作假、隐瞒事实真相或者其他妨碍考察工作正常进行行为的，由负责组织考察的招录机关或者公务员主管部门给予其不予录用的处理。情节严重、影响恶劣的严重违纪违规行为，由中央一级招录机关或者设区的市级以上公务员主管部门记入公务员考试录用诚信档案库，记录期限为五年。

第十二条　报考者的违纪违规行为被当场发现的，工作人员应当予以制止或者终止其继续参加考试，并收集、保存相应证据材料，如实记录违纪违规事实和现场处理情况，由两名以上工作人员签字，报送负责组织考试录用的部门。

第十三条　对报考者违纪违规行为作出处理决定前，应当告知报考者拟作出的处理决定及相关事实、理由和依据，并告知报考者依法享有陈述和申辩的权利。作出处理决定的公务员主管部门、招录机关或者考试机构对报考者提出的事实、理由和证据，应当进行复核。

第十四条　对报考者违纪违规行为作出处理决定的，应当制作公务员考试录用违纪违规行为处理决定书，依法送达报考者。

第十五条　试用期间查明报考者有本办法所列违纪违规行为的，由中央一级招录机关或者设区的市级以上公务员主管部门取消录用并按照本办法的有关规定给予其相应的处理。

任职定级后查明有本办法所列违纪违规行为的，给予其辞退处理或者开除处分。

第十六条　报考者应当自觉维护考试录用工作秩序，服从工作人员管理，有下列行为之一的，责令离开考场；情节严重的，按照本办法第七条、第八条的规定处理；违反《中华人民共和国治安管理处罚法》的，交由公安机关依法处理；构成犯罪的，依法追究刑事责任：

（一）故意扰乱考点、考场等考试录用工作场所秩序的；

（二）拒绝、妨碍工作人员履行管理职责的；

（三）威胁、侮辱、诽谤、诬陷工作人员或者其他报考者的；

（四）其他扰乱考试录用管理秩序的行为。

第十七条 录用工作人员违反有关法律法规，或者有《公务员录用规定（试行）》第三十三条、第三十四条规定情形的，按照有关规定给予处分。其中，公务员组织、策划有组织作弊或者在有组织作弊中起主要作用的，给予开除处分。构成犯罪的，依法追究刑事责任。

第十八条 报考者对违纪违规行为处理决定不服的，可以依法申请行政复议或者提起行政诉讼。

录用工作人员因违纪违规行为受到处分不服的，可以依法申请复核或者提出申诉。

第十九条 参照公务员法管理的机关（单位）工作人员录用中违纪违规行为的认定与处理适用本办法。

第二十条 公务员考试录用诚信档案库的管理办法由中央公务员主管部门制定。

第二十一条 本办法自 2016 年 10 月 1 日起施行。2009 年 11 月 9 日人力资源社会保障部公布的《公务员录用考试违纪违规行为处理办法（试行）》（人力资源和社会保障部令第 4 号）同时废止。

附件：公务员考试录用违纪违规行为处理决定书（略）

新录用公务员试用期管理办法（试行）

关于印发新录用公务员试用期管理办法（试行）的通知

人社部发〔2011〕62号

各省、自治区、直辖市党委组织部，政府人力资源社会保障厅（局）、公务员局，中央和国家机关各部委、各人民团体组织人事部门，新疆生产建设兵团党委组织部、人事局：

现将《新录用公务员试用期管理办法（试行）》印发给你们，请遵照执行。在实施中有何问题和建议，请及时报告中共中央组织部、人力资源社会保障部。

中共中央组织部

人力资源和社会保障部

二〇一一年五月二十五日

第一章　总　则

第一条　为了规范新录用公务员管理工作，根据公务员法和有关法律法规，制定本办法。

第二条　本办法所称新录用公务员，是指按照《公务员录用规定（试行）》被录用到机关工作，且在试用期内的人员。

新录用公务员试用期自报到之日起计算，试用期为一年。

第三条　新录用公务员应当履行公务员法规定的义务，享有公务员法规定的相应权利，其依法履行职务的行为，受法律保护。

第四条　对新录用公务员的管理，除本办法规定外，按照公务员法和有关法律法规执行。

第二章 培 养

第五条 招录机关应当加强对新录用公务员的培养教育，采取多种方式对新录用公务员进行政治素质、职业道德、履职能力、工作作风等方面的培养锻炼，使其尽快胜任录用职位工作。

第六条 招录机关应当按照职位要求明确新录用公务员的工作职责，帮助其尽快熟悉业务，提高实际工作能力。

第七条 招录机关应当在试用期内安排新录用公务员参加初任培训，根据需要安排专门业务培训和在职培训。新录用公务员应当按照公务员培训规定参加机关组织的培训。

第三章 考 核

第八条 新录用公务员试用期满，应当对其德、能、勤、绩、廉进行全面考核。考核应当在试用期满后三十日内进行，遇有不可抗力无法按期考核的，应当在相应情形消除之后的三十日内进行。

新录用公务员参加初任培训的情况，应作为试用期满考核的内容。

新录用公务员的平时考核和年度考核按照公务员考核有关规定进行。

第九条 新录用公务员试用期满考核结果分为合格和不合格两个等次。

第十条 确定为合格等次须具备下列条件：

（一）思想政治素质较好，能够贯彻落实党的路线、方针、政策，遵守国家法律法规；

（二）能够正常履行职责，完成本职工作；

（三）责任心强，工作积极，作风较好；

（四）道德品行较好，廉洁自律。

第十一条 新录用公务员具有下列情形之一的，应确定为不合格等次：

（一）思想政治素质较差的；

（二）无法正常履行职责，完成本职工作的；

（三）工作责任心或工作作风较差的；

（四）道德品行较差，存在不廉洁问题的。

第十二条 新录用公务员试用期满考核按下列程序进行：

（一）新录用公务员进行个人总结，并在一定范围内述职；

（二）所在部门或者单位对新录用公务员进行考核，并写出评语，提出考核结果建议；

（三）招录机关根据平时考核、年度考核、试用期满考核等情况，确定试用期满考核等次；

（四）将考核结果及时反馈新录用公务员。

第十三条 新录用公务员有下列情形的，试用期顺延，顺延期满后再行考核。

（一）因病、事假累计超过40个工作日不在职的，试用期顺延至补足其不在职的工作日后考核，在报到后一年半仍未补足的，视为考核不合格。女性在孕期、产假、哺乳期内不在职的，试用期顺延至补足其不在职的工作日后考核。

（二）被立案审查尚未结案的，待结案后按照有关规定处理。

（三）受到记大过以下处分尚在处分期内的，试用期顺延至处分期满后考核。

（四）法律、法规规定影响试用期满考核正常进行的其他情形，按照法律法规规定执行。

第十四条 新录用公务员试用期满考核合格的，招录机关应当及时按照有关规定任职定级。任职定级时间从试用期满之日起计算。新录用公务员试用期满没有考核的，不得任职定级。

第四章 取消录用

第十五条 新录用公务员试用期满考核不合格的，取消录用。

第十六条 新录用公务员有下列情形之一的，应当取消录用：

（一）不履行或者不正确履行工作职责，工作严重失误或者给国家和人民群众的利益造成较大损失和不良影响的；

（二）在参加公务员录用考试的报名、考试、体检、考察等环节有严重违纪违规行为的；

（三）在参加国家法定考试中有严重违纪违规行为的；

（四）应当给予降级以上处分的；

（五）受到刑事处罚或者劳动教养的；

（六）有公务员法规定的应予以辞退情形的；

（七）法律、法规规定的其他情形。

已经办理录用审批或者备案手续的人员，非因不可抗力因素未按规定时间报到的，取消录用。

第十七条 新录用公务员有公务员法第八十一条第（二）（三）（四）（五）款规定情形的，不得提出取消录用申请。

第十八条 新录用公务员有公务员法第八十四条规定情形的，不得取消录用。

第十九条 中央机关取消录用，由中央机关审批并报中央公务员主管部门备案；中央机关省级以下直属机构取消录用，由省级直属机构审批并报所属中央机关备案；地方各级机关取消录用，按省级公务员主管部门规定的办法进行审批或者备案。

第二十条 新录用公务员取消录用的时间，从作出取消录用决定之日起计算。招录机关应当在作出取消录用决定之日起的三十日内以书面形式将取消录用决定通知被取消录用人员。

第二十一条 新录用公务员被取消录用后，自批准之日的次月起停发工资。

第二十二条 新录用公务员取消录用后，在九十日内重新就业的，应当在就业单位报到后三十日内，按照干部人事档案转递的有关规定，将档案转至有关的组织人事部门保管；在九十日内未就业或者重新就业单位不具备保管条件的，按照流动人员人事档案管理的有关规定转递档案。

第二十三条 新录用公务员取消录用后，社会保险待遇按照有关规定执行。

第二十四条 新录用公务员对取消录用决定不服的，可以依照有关规定申请复核或者提出申诉。复核或者申诉期间不停止取消录用决定的执行。

第五章 纪律约束

第二十五条 新录用公务员应当安排在录用职位工作，一般不调整岗位，不得借调到其他单位工作，不得参加规定以外的离职学习。

第二十六条 新录用公务员不得报考其他机关的公务员和到企事业单位应聘。

第二十七条 对违反本办法规定的情形和人员，按照公务员法第一百零一条相关规定处理。

第六章 附 则

第二十八条 参照公务员法管理的机关（单位）除工勤人员以外的新录用工作人员的试用期管理，参照本办法执行。

第二十九条 本办法由中共中央组织部、人力资源和社会保障部负责解释。

第三十条 本办法自发布之日起施行。

新录用公务员任职定级规定

关于印发《新录用公务员任职定级规定》的通知

中组发〔2008〕20号

各省、自治区、直辖市党委组织部、政府人事厅（局），
中央和国家机关各部委、各人民团体干部（人事）部门，
新疆生产建设兵团党委组织部、人事局：

现将《新录用公务员任职定级规定》印发给你们，请结合实际认真贯彻执行。在实施中有何问题和建议，请及时报告中央组织部、人力资源和社会保障部。

中共中央组织部

人力资源和社会保障部

2008年7月16日

第一条 为了合理确定新录用公务员职务和级别，规范新录用公务员任职定级工作，根据公务员法和相关法规，制定本规定。

第二条 新录用公务员任职定级，应当在规定的机构规格、编制、职数限额以及主任科员以下及其他相当职务层次的非领导职务范围内，按照拟任职务及其对应的级别进行。

第三条 新录用公务员试用期满三十日内，应根据拟任职务的要求，按照公务员的条件、义务和纪律要求，对新录用公务员进行任职考核。

第四条 考核合格的新录用公务员，按以下规定任职定级：

（一）直接从各类学校毕业生中录用的、没有工作经历的公务员：高中和中专毕业生，任命为办事员，定为二十七级；大学专科

毕业生，任命为科员，定为二十六级；大学本科毕业生、获得双学士学位的大学本科毕业生（含学制为六年以上的大学本科毕业生）、研究生班毕业和未获得硕士学位的研究生，任命为科员，定为二十五级；获得硕士学位的研究生，任命为副主任科员，定为二十四级；获得博士学位的研究生，任命为主任科员，定为二十二级。

（二）其他新录用的公务员：原具有公务员身份的，可参考其原任职务与级别，比照本机关同等条件人员，确定职务与级别。其他具有工作经历的，可根据其资历和工龄，比照本机关同等条件人员，确定职务与级别。

新录用公务员任职时间从试用期满之日起计算。

第五条 新录用公务员任职定级，按以下程序进行：

（一）本人对试用期间的德、能、勤、绩、廉情况进行总结。

（二）所在机关对拟任职定级人员进行全面考核，提出拟任职务和拟定级别的意见。

（三）任免机关审批，下发新录用公务员任职定级决定。

新录用公务员任职定级后，按照有关规定进行公务员登记。

第六条 新录用公务员在机关最低服务年限为五年（含试用期）。

第七条 对有下列违反本规定情形的，由县级以上领导机关或者公务员主管部门按照管理权限，区别不同情况，分别予以责令纠正或者宣布无效；对负有责任的领导人员和直接责任人员，根据情节轻重作出处理：

（一）突破机构规格、超职数进行新录用公务员任职定级的；

（二）不按规定条件、程序进行新录用公务员任职定级的；

（三）把试用期计入任职年限的；

（四）违反法律、法规规定的其他情形。

第八条 本规定适用于综合管理类新录用公务员的任职定级。

在国家有关规定出台前，其他类别新录用公务员的任职定级，按照本规定办理。

第九条　参照公务员法管理的机关（单位）中除工勤人员以外的新录用人员的任职定级工作，参照本规定执行。

第十条　本规定由中共中央组织部、人力资源和社会保障部负责解释。

第十一条　本规定自发布之日起施行。1997 年 3 月 28 日发布的《新录用国家公务员任职定级暂行规定》（人发〔1997〕33 号）同时废止。

公务员培训规定（试行）

关于印发《公务员培训规定（试行）》的通知

中组发〔2008〕17号

各省、自治区、直辖市党委组织部、政府人事厅（局），
中央和国家机关各部委、各人民团体干部（人事）部门，
新疆生产建设兵团党委组织部、人事局：

　　现将《公务员培训规定（试行）》印发给你们，请
结合实际认真贯彻执行。在实施中有何问题和建议，请及
时报告中央组织部、人力资源和社会保障部。

中共中央组织部

人力资源和社会保障部

2008 年 6 月 27 日

第一章　总　则

　　第一条　为推进公务员培训工作科学化、制度化、规范化，建
设高素质的公务员队伍，根据公务员法、《干部教育培训工作条例
（试行）》和有关法律法规，制定本规定。

　　第二条　公务员培训应当根据经济社会发展和公务员队伍建设
需要，按照职位职责要求和不同层次、不同类别公务员特点进行。

　　第三条　公务员培训应当遵循理论联系实际、以人为本、全面
发展、注重能力、学以致用、改革创新、科学管理的原则。

　　第四条　公务员培训情况、学习成绩作为公务员考核的内容和
任职、晋升的依据之一。

　　第五条　中共中央组织部主管全国公务员培训工作。人力资源

和社会保障部按照职责分工，负责指导协调全国行政机关公务员培训工作。

中央机关各部门按照职责分工，负责相关的公务员培训工作，指导本系统公务员业务培训。

地方各级党委组织部门主管本辖区公务员培训工作。政府人事部门按照职责分工，负责指导协调本辖区行政机关公务员培训工作。

地方各级党委和政府各部门按照职责分工，负责相关的公务员培训工作。

第二章　培训对象

第六条　公务员有接受培训的权利和义务。

第七条　公务员培训的对象是全体公务员。机关根据公务员工作和职业发展需要安排公务员参加相应的培训。

担任县处级以上领导职务的公务员每 5 年应当参加党校、行政学院、干部学院或经厅局级以上单位组织（人事）部门认可的其他培训机构累计 3 个月以上的培训。

其他公务员参加脱产培训的时间一般每年累计不少于 12 天。

有条件的地方和部门可以实行公务员培训学时学分制。

第八条　公务员应当服从组织调训，遵守培训的规章制度，完成规定的培训任务。

公务员参加培训经考试、考核合格后，获得相应的培训结业证书。

第九条　公务员按规定参加脱产培训期间，其工资和各项福利待遇与在岗人员相同。

第十条　法律法规对领导成员、后备领导人员和法官、检察官培训另有规定的，从其规定。

第三章　培训分类

第十一条　公务员培训分为初任培训、任职培训、专门业务培训和在职培训。

第十二条　初任培训是对新录用公务员进行的培训，培训内容主要包括政治理论、依法行政、公务员法和公务员行为规范、机关工作方式方法等基本知识和技能，重点提高新录用公务员适应机关工作的能力。

初任培训由组织、人事部门统一组织。专业性较强的机关按照组织、人事部门的统一要求，可自行组织初任培训。

初任培训应当在试用期内完成，时间不少于 12 天。

第十三条　任职培训是按照新任职务的要求，对晋升领导职务的公务员进行的培训，培训内容主要包括政治理论、领导科学、政策法规、廉政教育及所任职务相关业务知识等，重点提高其胜任领导工作的能力。

任职培训应当在公务员任职前或任职后一年内进行。

担任县处级副职以上领导职务的公务员任职培训时间原则上不少于 30 天，担任乡科级领导职务的公务员任职培训时间原则上不少于 15 天。

调入机关任职以及在机关晋升为副调研员以上及其他相当职务层次的非领导职务的公务员，依照前款规定参加任职培训。

第十四条　专门业务培训是根据公务员从事专项工作的需要进行的专业知识和技能培训，重点提高公务员的业务工作能力。

专门业务培训的内容、时间和要求由机关根据需要确定。

第十五条　在职培训是对全体公务员进行的以更新知识、提高工作能力为目的的培训。

在职培训的内容、时间和要求由各级组织、人事部门和机关根据需要确定。

第十六条　对担任专业技术职务的公务员，应当按照专业技术人员继续教育的要求，进行专业技术培训。

第十七条　没有参加初任培训或培训考试、考核不合格的新录用公务员，不能任职定级。

没有参加任职培训或培训考试、考核不合格的公务员，应及时进行补训。

专门业务培训考试、考核不合格的公务员，不得从事专门业务工作。

在职培训考试、考核不合格的公务员，年度考核不得确定为优秀等次。

无正当理由不参加培训的公务员，根据情节轻重，给予批评教育或者处分。

第四章　培训方式

第十八条　坚持和完善组织调训制度。

组织、人事部门负责制定公务员脱产培训计划，选调公务员参加脱产培训。公务员所在机关按照计划完成调训任务。

第十九条　推行公务员自主选学。

组织、人事部门应当按照公务员个性化、差别化的培训需求，定期公布专题讲座等培训项目和相关要求。

鼓励公务员利用业余时间自主选择参加培训。

第二十条　建立健全公务员在职自学制度。

鼓励公务员本着工作需要、学用一致的原则利用业余时间参加有关学历学位教育和其他学习。

公务员所在机关应当为公务员在职自学提供必要的条件。

第二十一条　推广应用网络培训、远程教育、电化教育等手段，提高培训教学和管理的信息化水平。

第二十二条　组织、人事部门根据工作需要，组织开展公务员境外培训工作。

第五章　培训保障

第二十三条　国家根据公务员培训工作需要加强培训机构建

设，构建分工明确、优势互补、布局合理、竞争有序的公务员培训机构体系。

第二十四条 党校、行政学院和干部学院应当按照职能分工开展公务员培训工作。

部门和系统的公务员培训机构，应当按照各自职责，承担本部门和本系统的公务员培训任务。

其他培训机构经市（地）级以上组织、人事部门认可，可承担机关委托的公务员培训任务。

第二十五条 公务员培训机构应当按照素质优良、规模适当、结构合理、专兼结合的原则，加强师资队伍建设。

省级以上组织、人事部门应当建立公务员培训师资库，实现资源共享。

从事公务员培训工作的教师应当根据学员特点，有针对性地综合运用讲授式、研讨式、案例式、模拟式、体验式等培训方法，提高培训质量。

第二十六条 建立统一规范、科学实用、各具特色的教材体系，适应不同层次、不同类别公务员培训的需要。

第二十七条 通过培训、交流等措施加强公务员培训管理者队伍建设。

第二十八条 公务员培训所需经费列入各级政府年度财政预算，并随着财政收入增长逐步提高。对重要培训项目予以重点保证。

加强对公务员培训经费的管理，提高培训经费使用效益。

第六章　培训登记与评估

第二十九条 公务员的培训实行登记管理。

公务员所在机关建立和完善公务员培训档案，对公务员参加培训的种类、内容、时间和考试考核结果等情况进行登记。

第三十条　公务员的培训情况一般由公务员培训机构或培训主办单位记载，并及时反馈公务员所在机关。

公务员自学情况由公务员所在机关认可后予以登记。

第三十一条　组织、人事部门负责对公务员培训机构进行评估，评估内容主要包括培训方针、培训质量、师资队伍、组织管理、基础设施、经费保障等。

公务员培训主办单位要对培训班进行评估，也可委托培训机构进行，评估内容主要包括培训方案、培训教学、培训保障和培训效果等。

评估结果作为改进培训工作、提高培训质量的重要依据。

第七章　监督与纪律

第三十二条　组织、人事部门应当对公务员培训工作进行监督检查，制止和纠正违反本规定的行为。

第三十三条　公务员所在机关未按规定履行公务员培训职责的，由组织、人事部门责令限期整改，逾期不改的给予通报批评。

第三十四条　公务员培训机构有下列情形之一的，由组织、人事部门责令限期整改，逾期不改的给予通报批评；情节严重的，由有关部门对负有主要责任的领导人员和直接责任人员给予处分：

（一）采取不正当手段招揽生源的；

（二）以公务员培训名义组织公费旅游或进行高消费活动的；

（三）违反国家有关规定收取培训费用的；

（四）违反国家有关规定擅自印发学历证、学位证、资格证、培训证的；

（五）其他违法违纪行为。

第三十五条　公务员在参加培训期间违反培训有关规定和纪律的，视情节轻重，给予批评教育直至处分。

第八章　附　则

第三十六条　参照公务员法管理的机关（单位）中除工勤人员以外的工作人员的培训，参照本规定执行。

第三十七条　本规定由中共中央组织部、人力资源和社会保障部负责解释。

第三十八条　本规定自发布之日起施行。1996 年 6 月 5 日印发的《国家公务员培训暂行规定》（人发〔1996〕52 号）同时废止。

公务员考核规定（试行）

关于印发《公务员考核规定（试行）》的通知

中组发〔2007〕2号

各省、自治区、直辖市党委组织部、政府人事厅（局），
中央和国家机关各部委、各人民团体干部（人事）部门，
新疆生产建设兵团党委组织部、人事局：

现将《公务员考核规定（试行）》印发给你们，请
结合实际认真贯彻执行。在实施中有何问题和建议，请及
时报告中央组织部、人事部。1994年3月8日人事部印发
的《国家公务员考核暂行规定》（人核发〔1994〕4号）
同时废止。

中共中央组织部

人事部

二〇〇七年一月四日

第一章 总 则

第一条 为了正确评价公务员的德才表现和工作实绩，规范公
务员考核工作，促进勤政廉政，提高工作效能，建设高素质的公务
员队伍，根据公务员法，制定本规定。

第二条 本规定所称公务员考核是指对非领导成员公务员的考
核。对领导成员的考核，由主管机关按照有关规定办理。

第三条 公务员考核坚持客观公正、注重实绩的原则，实行领
导与群众相结合，平时与定期相结合，定性与定量相结合的方法，
按照规定的权限、条件、标准和程序进行。

第二章　考核内容和标准

第四条　对公务员的考核，以公务员的职位职责和所承担的工作任务为基本依据，全面考核德、能、勤、绩、廉，重点考核工作实绩。

德，是指思想政治素质及个人品德、职业道德、社会公德等方面的表现。

能，是指履行职责的业务素质和能力。

勤，是指责任心、工作态度、工作作风等方面的表现。

绩，是指完成工作的数量、质量、效率和所产生的效益。

廉，是指廉洁自律等方面的表现。

第五条　公务员的考核分为平时考核和定期考核。定期考核以平时考核为基础。

平时考核重点考核公务员完成日常工作任务、阶段工作目标情况以及出勤情况，可以采取被考核人填写工作总结、专项工作检查、考勤等方式进行，由主管领导予以审核评价。

定期考核采取年度考核的方式，在每年年末或者翌年年初进行。

第六条　年度考核的结果分为优秀、称职、基本称职和不称职四个等次。

第七条　确定为优秀等次须具备下列条件：

（一）思想政治素质高；

（二）精通业务，工作能力强；

（三）工作责任心强，勤勉尽责，工作作风好；

（四）工作实绩突出；

（五）清正廉洁。

第八条　确定为称职等次须具备下列条件：

（一）思想政治素质较高；

（二）熟悉业务，工作能力较强；

（三）工作责任心强，工作积极，工作作风较好；

（四）能够完成本职工作；

（五）廉洁自律。

第九条 公务员具有下列情形之一的，应确定为基本称职等次：

（一）思想政治素质一般；

（二）履行职责的工作能力较弱；

（三）工作责任心一般，或工作作风方面存在明显不足；

（四）能基本完成本职工作，但完成工作的数量不足、质量和效率不高，或在工作中有较大失误；

（五）能基本做到廉洁自律，但某些方面存在不足。

第十条 公务员具有下列情形之一的，应确定为不称职等次：

（一）思想政治素质较差；

（二）业务素质和工作能力不能适应工作要求；

（三）工作责任心或工作作风差；

（四）不能完成工作任务，或在工作中因严重失误、失职造成重大损失或者恶劣社会影响；

（五）存在不廉洁问题，且情形较为严重。

第十一条 公务员年度考核优秀等次人数，一般掌握在本机关参加年度考核的公务员总人数的百分之十五以内，最多不超过百分之二十。

第三章　考核程序

第十二条 公务员考核按照管理权限和规定的程序进行，由机关公务员管理部门组织实施。

机关在年度考核时可以设立考核委员会。考核委员会由本机关领导成员、公务员管理及其他有关部门人员和公务员代表组成。

第十三条 年度考核按下列程序进行：

（一）被考核公务员按照职位职责和有关要求进行总结，并在一定范围内述职；

（二）主管领导在听取群众和公务员本人意见的基础上，根据平时考核情况和个人总结，写出评语，提出考核等次建议和改进提高的要求；

（三）对拟定为优秀等次的公务员在本机关范围内公示；

（四）由本机关负责人或者授权的考核委员会确定考核等次；

（五）将考核结果以书面形式通知被考核公务员，并由公务员本人签署意见。

对担任机关内设机构领导职务公务员的考核，必要时可以在一定范围内进行民主测评。

第十四条 公务员对年度考核定为不称职等次不服，可以按有关规定申请复核和申诉。

第十五条 各机关应当将《公务员年度考核登记表》存入公务员本人档案，同时将本机关公务员年度考核情况报送同级公务员主管部门。

第四章 考核结果的使用

第十六条 公务员年度考核的结果作为调整公务员职务、级别、工资以及公务员奖励、培训、辞退的依据。

第十七条 公务员年度考核被确定为称职以上等次的，按照下列规定办理：

（一）累计两年被确定为称职以上等次的，在所定级别对应工资标准内晋升一个工资档次；

（二）累计五年被确定为称职以上等次的，在所任职务对应级别范围内晋升一个级别；

（三）确定为称职以上等次，且符合规定的其他任职资格条件的，具有晋升职务的资格；连续三年以上被确定为优秀等次的，晋

升职务时优先考虑;

（四）被确定为优秀等次的，当年给予嘉奖；连续三年被确定为优秀等次的，记三等功;

（五）享受年度考核奖金。

第十八条 公务员年度考核被确定为基本称职等次的，按照下列规定办理:

（一）对其诫勉谈话，限期改进;

（二）本考核年度不计算为按年度考核结果晋升级别和级别工资档次的考核年限;

（三）一年内不得晋升职务;

（四）不享受年度考核奖金;

第十九条 公务员年度考核被确定为不称职等次的，按照下列规定办理:

（一）降低一个职务层次任职;

（二）本考核年度不计算为按年度考核结果晋升级别和级别工资档次的考核年限;

（三）不享受年度考核奖金;

（四）连续两年年度考核被确定为不称职等次的，予以辞退。

第二十条 公务员主管部门和公务员所在机关应根据考核情况，有针对性地对公务员进行培训。

第五章　相关事宜

第二十一条 新录用的公务员在试用期内参加年度考核，不确定等次，只写评语，作为任职、定级的依据。

第二十二条 调任或者转任的公务员，由其调任或者转任的现工作单位进行考核并确定等次。其调任或者转任前的有关情况，由原单位提供。

挂职锻炼的公务员，在挂职锻炼期间由挂职单位进行考核并确定等次。不足半年的，由派出单位进行考核。

单位派出学习、培训的公务员，由派出单位进行考核，主要根据学习、培训表现确定等次。其学习、培训的相关情况，由所在学习、培训单位提供。

第二十三条 病、事假累计超过考核年度半年的公务员，不进行考核。

第二十四条 公务员涉嫌违法违纪被立案调查尚未结案的，参加年度考核，不写评语、不定等次。结案后，不给予处分或者给予警告处分的，按规定补定等次。

第二十五条 受处分公务员的年度考核，按下列规定办理：

（一）受警告处分的当年，参加年度考核，不得确定为优秀等次；

（二）受记过、记大过、降级、撤职处分的期间，参加年度考核，只写评语，不定等次。在解除处分的当年及以后，其年度考核不受原处分影响。

第二十六条 公务员不进行考核或参加年度考核不定等次的，本考核年度不计算为按年度考核结果晋升级别和级别工资档次的考核年限。

第二十七条 对无正当理由不参加年度考核的公务员，经教育后仍然拒绝参加的，直接确定其考核结果为不称职等次。

第二十八条 对在考核过程中有徇私舞弊、打击报复、弄虚作假等违法违纪行为的，依照有关规定予以严肃处理。

第六章　附　则

第二十九条 对参照公务员法管理的机关（单位）中除工勤人员以外的工作人员的考核，参照本规定执行。

第三十条 本规定由中共中央组织部、人事部负责解释，各地各部门可结合实际制定具体的实施细则。

第三十一条 本规定自发布之日起施行。

国家公务员行为规范

（2002 年 2 月 21 日人事部颁发）

一、政治坚定。努力学习马克思列宁主义、毛泽东思想、邓小平理论和江泽民同志"三个代表"重要思想，树立共产主义理想信念，坚持党的基本理论、基本路线和基本纲领，坚定地走建设有中国特色的社会主义道路，坚定不移地贯彻执行党和国家的路线、方针、政策，在思想上、政治上和行动上与党中央保持高度一致。

二、忠于国家。热爱祖国，忠于宪法，维护国家安全、荣誉和利益，维护国家统一和民族的团结，维护政府形象和权威，保证政令畅通。遵守外事纪律，维护国格、人格尊严，严守国家秘密，同一切危害国家利益的言行作斗争。

三、勤政为民。忠于职守，爱岗敬业，勤奋工作，钻研业务，甘于奉献。一切从人民利益出发，热爱人民，忠于人民，全心全意为人民服务，密切联系群众，关心群众疾苦，维护群众合法权益，体察民情，了解民意，集中民智，珍惜民力，力戒形式主义、官僚主义，改进工作作风，讲求工作方法，注重工作效率，提高工作质量。自觉做人民公仆，让人民满意。

四、依法行政。遵守国家法律、法规和规章，按照规定的职责权限和工作程序履行职责、执行公务，依法办事，严格执法，公正执法，文明执法，不滥用权力，不以权代法，做学法、守法、用法和维护法律、法规尊严的模范。

五、务实创新。解放思想，实事求是，理论联系实际，说实话，报实情，办实事，求实效，踏实肯干。勤于思考，勇于创新，与时俱进，锐意进取，大胆开拓，创造性地开展工作。

六、清正廉洁。克己奉公，秉公办事，遵守纪律，不徇私情，不以权谋私，不贪赃枉法。淡泊名利，艰苦奋斗，勤俭节约，爱惜国家资财，反对拜金主义、享乐主义。

七、团结协作。坚持民主集中制，不独断专行，不搞自由主义。认真执行上级的决定和命令，服从大局，相互配合，相互支持，团结一致，勇于批评与自我批评，齐心协力做好工作。

八、品行端正。坚持真理，修正错误，崇尚科学，破除迷信。学习先进，助人为乐，谦虚谨慎，言行一致，忠诚守信，健康向上。模范遵守社会公德，举止端庄，仪表整洁，语言文明，讲普通话。

全国人民代表大会常务委员会关于授权 国务院在部分地区和部分在京中央机关 暂时调整适用《中华人民共和国公务员法》 有关规定的决定

（2016年12月25日第十二届全国人民代表大会常务 委员会第二十五次会议通过）

为进一步完善公务员制度，推行公务员职务与职级并行、职级与待遇挂钩制度，拓展公务员职级晋升通道，进一步调动广大公务员的积极性，第十二届全国人民代表大会常务委员会第二十五次会议决定：授权国务院在天津市市级机关及和平区、西青区各级机关，山东省省级机关及青岛市、潍坊市各级机关，湖北省省级机关及宜昌市、襄阳市各级机关，四川省省级机关及绵阳市、内江市各级机关，以及教育部、国家质量监督检验检疫总局、国务院台湾事务办公室、国家统计局本级机关（不包括直属机构）开展公务员职务与职级并行制度试点工作，暂时调整适用《中华人民共和国公务员法》第十五条，第十六条第一款、第三款，第十七条第二款，第十九条第二款、第三款，第二十一条第一款，第四十四条第二款，第四十五条第二款，第六十四条，第六十五条第三款，第七十三条第一款、第二款关于非领导职务管理的有关规定。具体试点办法由国务院作出安排，并报全国人民代表大会常务委员会备案。试点期限为二年，自试点办法印发之日起算。

国务院及中央公务员主管部门要加强对试点工作的组织指导和监督检查，及时总结经验，并就暂时调整适用有关法律规定的情况向全国人民代表大会常务委员会作出中期报告。对实践证明可行的，修改完善有关法律规定；对实践证明不宜调整的，恢复施行有关法律规定。

本决定自2016年12月26日起施行。

国家公务员局关于公务员管理工作更好
服务于京津冀协同发展战略的实施意见

国公局发〔2017〕3号

北京市人力资源社会保障局，天津市、河北省公务员局：

为深入贯彻落实京津冀协同发展重大国家战略，促进公务员管理工作更好服务于京津冀协同发展战略，实现优势互补、良性互动、共同发展，现提出如下意见：

一、重要意义

京津冀协同发展战略是党中央、国务院决策部署的重大国家战略，对于实现"两个一百年"奋斗目标和中华民族伟大复兴的中国梦具有重大意义。公务员队伍是贯彻落实党中央、国务院决策部署的骨干力量，是落实京津冀协同发展重大战略的组织保证。推动公务员管理工作主动服务京津冀协同发展战略，有利于为实现京津冀地区经济社会协同发展提供有力支撑；有利于发挥各自优势、实现资源共享，提升公务员管理工作水平；有利于交流经验、相互借鉴，促进公务员队伍建设，不断提高本地区公务员履职尽责和服务大局的水平。我们必须从增强"四个意识"的政治高度，从服务重大国家战略的全局高度，加强京津冀公务员管理协作，助推京津冀协同发展。

二、主要措施

（一）加大公务员交流力度。根据京津冀协同发展战略重点领域和优先方向，组织京津冀开展行政机关基础岗位公务员跨地区挂职锻炼和交流任职，促进公务员在推动京津冀协同发展中拓宽视野、提高能力、增强本领，实现公务员素质提升与区域协同发展的良性循环。

（二）加强公务员考录协作。推动京津冀公务员考试专家、测评基地、试题等资源三地共享，逐步实现京津冀公务员招录面试考官资格互认，探索面试考官交流机制，推进面试考官多地组合、异地执考。

（三）做好及时奖励表彰。根据京津冀协同发展工作进展情况，建立表彰专项，会同相关部门做好推动京津冀协同发展表彰奖励工作，凝聚全社会推动京津冀协同发展的正能量。对京津冀协同发展重要事项、重大活动、专项工作中有关表彰奖项的新设立、调整变更申请，专项审核、即报即审。

（四）深入开展培训交流。发掘京津冀优质培训资源，共享三地培训师资库，共同开发培训精品课程，充分发挥公务员培训特色实践基地作用，加强培训工作交流，促进优质资源共享。开展京津冀公务员三地互训，协调中央国家机关、有关地区对京津冀公务员开展专题培训。开展精准扶贫培训，促进贫困地区基层公务员能力提升。将雄安新区公务员培训纳入国家对口培训计划项目，实施对口支援、精准施训。在开展培训需求调查的基础上，重点围绕服务保障京津冀协同发展、新型城市化管理、交通一体化、生态环境保护、产业升级转移、科技创新、对外开放、脱贫攻坚等内容，统一组织协调专家师资力量，通过送讲座到基层、组织巡回授课、录制专题课件等形式开展培训。

（五）协调推进公务员管理改革。加强对京津冀地区推进公务员分类管理、职务与职级并行、聘任制公务员管理等改革工作的指导，确保改革部署落地见效。推进京津冀聘任制公务员管理政策和工作经验交流，实现招聘职位互相开放、招聘程序统一，招聘职位信息互相借鉴，人才信息共享交流。支持京津冀地区开展公务员管理改革试点。

（六）共同开展公务员管理重大问题研究。支持京津冀地区围绕建立既严格管理又真诚关爱的公务员管理机制，充分调动公务员队伍的积极性、主动性、创造性，以及分级分类推进考录、考核、培训等重点难点问题开展公务员管理创新研究，加强公务员管理研究专家队伍建设。

（七）全力支持雄安新区公务员队伍建设。深入贯彻落实中央关于建设雄安新区的决策部署，围绕雄安新区建设和发展需要，从公务员职位管理、考试录用、考核奖励、培训监督等方面，鼓励并支持雄安新区先行先试，创新公务员管理政策，建设一支符合雄安新区发展需要的高素质专业化公务员队伍。

三、组织领导

（一）建立京津冀公务员管理协作联席会议机制，由国家公务员局、京津冀公务员主管部门主要负责同志参加，定期召开会议，加强沟通协调，确定年度重点推进工作，通报有关工作情况，及时交流经验，解决协同发展的有关问题。

（二）京津冀公务员主管部门要牢固树立围绕中心、服务大局意识，充分认识公务员管理工作服务京津冀协同发展战略的重要意义，提高政治站位，明确工作责任，指定专人负责，把本实施意见的主要措施落到实处。地方在落实意见过程中，如有重大问题要及时向国家公务员局报告。

国家公务员局

2017 年 5 月 18 日

关于规范公务员辞去公职后从业行为的意见

中共中央组织部　人力资源社会保障部
国家工商行政管理总局　国家公务员局印发
《关于规范公务员辞去公职后从业行为的意见》的通知

各省、自治区、直辖市党委组织部、政府人力资源社会保障厅（局）、工商行政管理局（市场监督管理部门）、公务员局，中央和国家机关各部委、各人民团体干部人事部门，新疆生产建设兵团党委组织部、人力资源社会保障局、公务员局：

现将《关于规范公务员辞去公职后从业行为的意见》印发给你们，请结合实际认真贯彻执行。

中共中央组织部
人力资源社会保障部
国家工商行政管理总局
2017 年 4 月 28 日

为贯彻落实党中央关于全面从严治党、从严管理干部要求，加强对权力运行的制约和监督，防止出现公务员辞去公职后从业中的违纪违法现象，根据《中华人民共和国公务员法》《中国共产党纪律处分条例》等法律法规，对规范公务员辞去公职后从业行为提出如下意见。

一、本意见所规范的公务员辞去公职后从业行为，是指公务员根据本人意愿提出辞去公职，经批准依法解除公务员身份，到国有企事业以外的单位就业或自主创业。

二、各级机关中原系领导班子成员的公务员以及其他担任县处级以上职务的公务员，辞去公职后 3 年内，不得接受原任职务管辖地区和业务范围内的企业、中介机构或其他营利性组织的聘任，个人不得从事与原任职务管辖业务直接相关的营利性活动；其他公务员辞去公职后 2 年内，不得接受与原工作业务直接相关的企业、中介机构或其他营利性组织的聘任，个人不得从事与原工作业务直接相关的营利性活动。

"原任职务"或"原工作业务"，一般应包括辞去公职前 3 年内担任过的职务或从事过的工作业务。

三、公务员辞去公职后从业行为是否违反上述规定，由其原单位认定。省级以上具有行政审批、行业监管、执法监督等职能的机关，应当结合实际，逐步建立公务员辞去公职后从业行为限制清单。

四、公务员申请辞去公职时应当如实报告从业去向，签署承诺书，对遵守从业限制规定、保守国家秘密和工作秘密，以及在从业限制期限内主动报告从业变动情况等作出承诺。

五、公务员所在单位或上级组织（人事）部门在批准其辞去公职前要与本人谈话，了解其从业意向，提醒严格遵守从业限制规定，告知违规从业须承担的法律责任。对不符合从业限制规定的，要劝其调整从业意向；经劝说仍不调整的，不予批准其辞去公职申请。对经批准同意辞去公职的，在从业限制期限内，原单位每年至少与其联系一次，了解和核查从业情况，发现有违反规定的情形，应当及时向公务员主管部门报告。

六、公务员辞去公职后有违规从业行为的，由公务员主管部门会同原单位责令其限期解除与接收单位的聘任关系或终止违规经营性活动；逾期不改正的，公务员主管部门要会同有关部门，对其违规从业所得数额进行调查核定，由县级以上工商、市场监管等部门依法没收，责令接收单位将该人员清退，并根据情节轻重，对接收单位处以被处罚人员违规从业所得一倍以上五倍以下罚款。违规从业人员为中共党员的，依照有关党规党纪给予相应处分。对涉嫌犯罪的，移交司法机关依法处理。

公务员主管部门会同有关部门将辞去公职人员违规从业行为纳入个人信用记录。接收单位为企业的，工商、市场监管部门将其受行政处罚情况录入企业信用信息系统。

七、建立健全公务员辞去公职后从业备案和监督检查制度。经批准同意辞去公职的公务员，由原单位报公务员主管部门备案。公务员主管部门通过专项检查、接受信访举报、了解舆情报道等方式，对各单位落实公务员辞去公职后从业规定情况进行指导和监督检查。对未按照规定审批，或未履行提醒告知、备案、了解核实等职责，导致辞去公职人员违规从业的，对单位给予通报批评，对相关负责人进行提醒、函询和诫勉，视情节轻重给予组织处理或纪律处分。

八、要准确把握和执行政策，正确对待公务员依法辞去公职行为，支持人才的合理流动，充分尊重和保障辞去公职人员合法就业和创业的权益。

九、对参照公务员法管理机关（单位）工作人员，以及公务员交流到国有企事业单位未满从业限制期限，辞去公职后从业行为的规范，参照本意见执行。

十、本意见自 2017 年 4 月 28 日起施行，由中央组织部、人力资源社会保障部、工商总局、国家公务员局负责解释。

公务员公开遴选办法（试行）

中组部　人社部

关于印发《公务员公开遴选办法（试行）》的通知

中组发〔2013〕3号

各省、自治区、直辖市党委组织部、政府人力资源社会保障厅（局）、公务员局，中央和国家机关各部委、各直属机构、各人民团体干部人事部门，新疆生产建设兵团党委组织部、人力资源社会保障局：

现将《公务员公开遴选办法（试行）》印发给你们，请结合实际认真贯彻执行。在实施中有何问题和建议，请及时报告中央组织部、人力资源社会保障部。

中组部

人社部

2013 年 1 月 24 日

第一章　总　　则

第一条　为优化领导机关公务员队伍结构，建立来自基层的公务员培养选拔机制，推进和规范公务员公开遴选工作，根据公务员法、《党政领导干部选拔任用工作条例》等法律、法规，制定本办法。

第二条　本办法所称公开遴选，是指市（地）级以上机关从下级机关公开择优选拔任用内设机构公务员。

公开遴选是公务员转任方式之一。

第三条　公开遴选坚持德才兼备、以德为先，坚持民主、公开、竞争、择优，坚持能力素质与职位要求相适应，坚持考试与考察相结合。

第四条　公开遴选必须在规定的编制限额和职数内进行，并有相应的职位空缺。

第五条　公开遴选按照下列程序进行：

（一）发布公告；

（二）报名与资格审查；

（三）考试；

（四）组织考察；

（五）决定与任职。

第六条　市（地）级以上公务员主管部门按照管理权限和职责分工负责公开遴选工作的综合管理和监督检查。

公开遴选机关按照公务员主管部门的要求，承担公开遴选的有关工作。

第二章　申报计划与发布公告

第七条　公开遴选机关在进行公务员队伍结构和职位分析的基础上，根据工作需要，提出公开遴选职位及其资格条件，拟定公开遴选计划，报同级公务员主管部门审批。

第八条　公务员主管部门制定公开遴选方案并组织实施。

第九条　公务员主管部门根据公开遴选方案，制定公告，面向社会公开发布。公告应当包括以下内容：

（一）公开遴选机关、职位、职位简介和资格条件；

（二）公开遴选范围、程序、方式和相关比例要求；

（三）报名方式和需要提交的相关材料；

（四）考试科目、时间和地点；

（五）其他相关事项。

第三章　报名与资格审查

第十条　公开遴选报名一般采取个人意愿与组织推荐相结合的方式。

公开遴选可由公务员本人申请并按照干部管理权限经组织审核同意后报名，也可征得本人同意后由组织推荐报名。

第十一条　报名参加公开遴选的公务员，应当具备下列资格条件：

（一）具有良好的政治、业务素质，品行端正，实绩突出，群众公认；

（二）具有2年以上基层工作经历和2年以上公务员工作经历；

（三）公务员年度考核均为称职以上等次；

（四）具有公开遴选职位要求的工作能力和任职经历；

（五）报名参加中央机关、省级机关公开遴选的应当具有大学本科以上文化程度，报名参加市（地）级机关公开遴选的应当具有大学专科以上文化程度；

（六）身体健康；

（七）公务员主管部门规定的其他资格条件；

（八）法律、法规规定的其他条件。

公务员主管部门和公开遴选机关不得设置与公开遴选职位要求无关的报名资格条件。

第十二条 公务员有下列情形之一的，不得参加公开遴选：

（一）涉嫌违纪违法正在接受有关的专门机关审查尚未作出结论的；

（二）受处分期间或者未满影响期限的；

（三）按照国家有关规定，到定向单位工作未满服务年限或对转任有其他限制性规定的；

（四）尚在新录用公务员试用期的；

（五）法律、法规规定的其他情形。

第十三条 报名人员应当向公开遴选机关提交报名需要的相关材料，提交的材料应当真实、准确。

公开遴选机关按照职位资格条件对报名人员提交的材料进行审查，在规定的时间内确定报名人员是否具有报名资格。

第十四条 对未达到公告规定比例，不能形成有效竞争的公开遴选职位，经公务员主管部门同意可予以取消，允许该职位报名人员改报其他职位。

第四章 考 试

第十五条 考试采取分级分类的方式，根据职务层次和职位类别进行。

考试分为笔试和面试，由公务员主管部门统一组织实施。经公务员主管部门授权，面试可以由公开遴选机关组织实施。

第十六条 笔试主要测试政策理论水平、分析和解决实际问题能力、文字表达能力等综合素质。

第十七条 面试人选根据笔试成绩由高到低的顺序，按照公告规定的比例确定。

第十八条 面试主要测试履行职位职责所要求的基本素质和能力。面试的内容和方式应当针对各职位的特点和要求分别确定。必要时，可以进行职位业务水平测试。

第十九条　面试考官一般不少于7人，其中公开遴选机关以外的考官一般应占三分之一。面试考官应当挑选公道正派、理论素养高、熟悉公开遴选职位相关业务、具有干部测评相关经验的人员担任。

第二十条　根据笔试、面试成绩，按照公告规定的权重确定考试综合成绩。笔试、面试成绩和考试综合成绩应当及时通知本人。

第五章　组织考察

第二十一条　公开遴选采取差额考察的办法。考察对象根据考试综合成绩由高到低的顺序，按照公告规定的比例确定。

第二十二条　公开遴选机关对考察对象的德、能、勤、绩、廉情况及其政治业务素质与公开遴选职位的适应程度进行全面考察，重点考察德的情况、工作实绩和群众公认程度。

第二十三条　考察可以采取个别谈话、民主测评等方法进行，也可以采取德的专项测评、实绩公示、业绩评价和履历分析等方法。

对在基层一线窗口单位工作的考察对象，要注重听取服务对象的意见。

第二十四条　公开遴选机关派出两名以上人员组成考察组。考察组一般由干部（人事）部门的人员和熟悉公开遴选职位相关业务的人员组成。

第二十五条　考察对象所在机关应当积极支持和配合考察组工作。

第六章　决定与任职

第二十六条　公开遴选机关根据考察情况和职位要求，按照干部管理权限，集体讨论决定拟任职人员。

第二十七条　公开遴选机关对拟任职人员进行公示，公示期一般为 7 天。公示期满，对没有问题或者反映问题不影响任用的，报公务员主管部门审批备案后，办理调动和任职手续；对反映有严重问题并查有实据的，取消公开遴选资格。

第七章　纪律与监督

第二十八条　公开遴选工作中存在应当回避情形的，按照有关规定执行。

第二十九条　有下列情形之一的，由公务员主管部门视情况予以责令纠正或者宣布无效；对负有领导责任和直接责任的人员，视情节轻重给予批评教育、调离工作岗位或者处分；构成犯罪的，依法追究刑事责任：

（一）不按规定的编制限额、职数和职位要求进行的；

（二）不按规定的条件和程序进行的；

（三）擅自变更公开遴选政策，造成不良影响的；

（四）公开遴选工作中徇私舞弊的。

第三十条　公开遴选工作人员有下列情形之一的，由公务员主管部门或所在单位，视情节轻重给予批评教育、调离工作岗位或者处分；构成犯罪的，依法追究刑事责任：

（一）泄露试题和其他公开遴选涉密信息的；

（二）伪造考试成绩或者其他有关资料的；

（三）协助参加考试人员作弊的；

（四）违反考察纪律的；

（五）因工作失职，影响公开遴选工作正常进行的；

（六）违反公开遴选工作纪律的其他行为。

第三十一条　对违反公开遴选纪律的报名人员，视情节轻重给予批评教育、取消公开遴选资格、调离工作岗位或者处分；构成犯罪的，依法追究刑事责任。

第三十二条 公开遴选工作要接受监督。公务员主管部门和公开遴选机关应当及时受理举报，并按照管理权限进行处理。

第八章 附 则

第三十三条 各省、自治区、直辖市公务员主管部门应根据本办法，结合本地实际，制定实施细则。

第三十四条 公开遴选参照公务员法管理的机关（单位）工作人员，参照本办法执行。

第三十五条 本办法由中共中央组织部、人力资源社会保障部负责解释。

第三十六条 本办法自颁布之日起施行。

公务员回避规定（试行）

中共中央组织部 人力资源和社会保障部
关于印发《公务员回避规定（试行）》的通知

各省、自治区、直辖市党委组织部，政府人力资源和社会保障厅（局）、公务员局，新疆生产建设兵团党委组织部、人事局，中央和国家机关各部委、各直属机构、各人民团体干部人事部门：

现将《公务员回避规定（试行）》印发给你们，请结合实际认真贯彻执行。在实施中有何问题和建议，请及时报告中央组织部、人力资源社会保障部。

中共中央组织部 人力资源和社会保障部
2011 年 12 月 12 日

第一章 总 则

第一条 为加强对公务员的管理和监督，保证公务员依法、公正执行公务，促进机关廉政建设，根据公务员法和有关法律法规，制定本规定。

第二条　公务员回避包括任职回避、地域回避和公务回避。

第三条　法律法规对公务员回避另有规定的，从其规定。

第四条　各级机关按照管理权限负责公务员回避的组织实施。

第二章　任职回避

第五条　公务员凡有下列亲属关系的，不得在同一机关担任双方直接隶属于同一领导人员的职务或者有直接上下级领导关系的职务，也不得在其中一方担任领导职务的机关从事组织、人事、纪检、监察、审计和财务工作。

（一）夫妻关系；

（二）直系血亲关系，包括祖父母、外祖父母、父母、子女、孙子女、外孙子女；

（三）三代以内旁系血亲关系，包括伯叔姑舅姨、兄弟姐妹、堂兄弟姐妹、表兄弟姐妹、侄子女、甥子女；

（四）近姻亲关系，包括配偶的父母、配偶的兄弟姐妹及其配偶、子女的配偶及子女配偶的父母、三代以内旁系血亲的配偶。

本规定所指直接隶属，是指具有直接上下级领导关系；同一领导人员，包括同一级领导班子成员；直接上下级领导关系，包括上一级正副职与下一级正副职之间的领导关系。

第六条　公务员任职回避按照以下程序办理：

（一）本人提出回避申请或者所在机关提出回避建议。

（二）任免机关组织人事部门按照管理权限进行审核，并提出回避意见报任免机关。在报任免机关决定前，应当听取公务员本人及相关人员的意见。

（三）任免机关作出决定。需要回避的，予以调整。职务层次不同的，一般由职务层次较低的一方回避；职务层次相同的，根据工作需要和实际情况决定其中一方回避。

第七条　因地域或者工作性质特殊，需要变通执行任职回避的，由省级以上公务员主管部门规定。

第三章　地域回避

第八条　公务员担任县、乡党委、政府正职领导成员的，应当实行地域回避，一般不得在本人成长地担任市（地、盟）党委、政府正职领导成员。

公务员担任县级纪检机关、组织部门、人民法院、人民检察院、公安部门正职领导成员的，应当实行地域回避，一般不得在本人成长地担任市（地、盟）纪检机关、组织部门、人民法院、人民检察院、公安部门正职领导成员。

民族自治地方的少数民族领导干部的地域回避按照有关法律规定并结合本地实际执行。

第九条　公务员地域回避按照本规定第六条规定的任职回避程序办理。

第四章　公务回避

第十条　公务员应当回避的公务活动包括：

（一）考试录用、调任、职务升降任免、考核、考察、奖惩、交流、出国审批；

（二）监察、审计、仲裁、案件审理；

（三）税费稽征、项目资金审批、监管；

（四）其他应当回避的公务活动。

第十一条　公务员执行第十条所列公务时，有下列情形之一的，应当回避，不得参加有关调查、讨论、审核、决定，也不得以任何方式施加影响：

（一）涉及本人利害关系的；

（二）涉及与本人有本规定第五条所列亲属关系人员的利害关系的；

（三）其他可能影响公正执行公务的。

第十二条 公务员公务回避按以下程序办理：

（一）本人或者利害关系人提出回避申请，或者主管领导提出回避要求；

（二）所在机关进行审查作出是否回避的决定，并告知申请人；

（三）需要回避的由所在机关调整公务安排。

特殊情况下，所在机关可以直接作出回避决定。

第五章　管理与监督

第十三条 对拟进入机关的人员和拟调整的人员应当依据本规定严格审查把关，避免形成回避关系。对可能形成回避关系的，应当予以调整。

对因婚姻、职务变化等新形成的回避关系，应当及时予以调整。

第十四条 公务员必须服从回避决定。无正当理由拒不服从的，应当予以免职。

公务员应当主动报告应回避的情形。有需要回避的情形不及时报告或者有意隐瞒的，应当予以批评教育；影响公正执行公务，造成不良后果的，应当给予相应处分。

第十五条 对个人、组织据实反映公务员需要回避的情况，有关机关应当按照管理权限及时处理。

第十六条 各级公务员主管部门按照管理权限负责公务员回避工作的监督检查。

对违反本规定的，有关机关予以纠正，并按规定追究相关人员责任。

第六章 附 则

第十七条 国家驻外机构公务员的回避，由有关部门另行规定。

参照公务员法管理机关（单位）除工勤人员以外的工作人员的回避，参照本规定执行。

第十八条 各省、自治区、直辖市公务员主管部门和中央机关可根据本规定，结合各自实际，制定实施办法。

第十九条 本规定由中共中央组织部、人力资源和社会保障部负责解释。

第二十条 本规定自发布之日起施行。1996 年 5 月 27 日人事部发布的《国家公务员任职回避和公务回避暂行办法》同时废止。

行政机关公务员处分条例

中华人民共和国国务院令

第 495 号

《行政机关公务员处分条例》已经 2007 年 4 月 4 日国务院第 173 次常务会议通过，现予公布，自 2007 年 6 月 1 日起施行。

总理　温家宝

二○○七年四月二十二日

第一章　总　　则

第一条　为了严肃行政机关纪律，规范行政机关公务员的行为，保证行政机关及其公务员依法履行职责，根据《中华人民共和国公务员法》和《中华人民共和国行政监察法》，制定本条例。

第二条　行政机关公务员违反法律、法规、规章以及行政机关的决定和命令，应当承担纪律责任的，依照本条例给予处分。

法律、其他行政法规、国务院决定对行政机关公务员处分有规定的，依照该法律、行政法规、国务院决定的规定执行；法律、其他行政法规、国务院决定对行政机关公务员应当受到处分的违法违纪行为做了规定，但是未对处分幅度做规定的，适用本条例第三章与其最相类似的条款有关处分幅度的规定。

地方性法规、部门规章、地方政府规章可以补充规定本条例第三章未作规定的应当给予处分的违法违纪行为以及相应的处分幅度。除国务院监察机关、国务院人事部门外，国务院其他部门制定处分规章，应当与国务院监察机关、国务院人事部门联合制定。

除法律、法规、规章以及国务院决定外，行政机关不得以其他形式设定行政机关公务员处分事项。

第三条　行政机关公务员依法履行职务的行为受法律保护，非因法定事由，非经法定程序，不受处分。

第四条　给予行政机关公务员处分，应当坚持公正、公平和教育与惩处相结合的原则。

给予行政机关公务员处分，应当与其违法违纪行为的性质、情节、危害程度相适应。

给予行政机关公务员处分，应当事实清楚、证据确凿、定性准确、处理恰当、程序合法、手续完备。

第五条　行政机关公务员违法违纪涉嫌犯罪的，应当移送司法机关依法追究刑事责任。

第二章　处分的种类和适用

第六条　行政机关公务员处分的种类为：

（一）警告；

（二）记过；

（三）记大过；

（四）降级；

（五）撤职；

（六）开除。

第七条 行政机关公务员受处分的期间为：

（一）警告，6 个月；

（二）记过，12 个月；

（三）记大过，18 个月；

（四）降级、撤职，24 个月。

第八条 行政机关公务员在受处分期间不得晋升职务和级别，其中，受记过、记大过、降级、撤职处分的，不得晋升工资档次；受撤职处分的，应当按照规定降低级别。

第九条 行政机关公务员受开除处分的，自处分决定生效之日起，解除其与单位的人事关系，不得再担任公务员职务。

行政机关公务员受开除以外的处分，在受处分期间有悔改表现，并且没有再发生违法违纪行为的，处分期满后，应当解除处分。解除处分后，晋升工资档次、级别和职务不再受原处分的影响。但是，解除降级、撤职处分的，不视为恢复原级别、原职务。

第十条 行政机关公务员同时有两种以上需要给予处分的行为的，应当分别确定其处分。应当给予的处分种类不同的，执行其中最重的处分；应当给予撤职以下多个相同种类处分的，执行该处分，并在一个处分期以上、多个处分期之和以下，决定处分期。

行政机关公务员在受处分期间受到新的处分的，其处分期为原处分期尚未执行的期限与新处分期限之和。

处分期最长不得超过 48 个月。

第十一条 行政机关公务员 2 人以上共同违法违纪，需要给予处分的，根据各自应当承担的纪律责任，分别给予处分。

第十二条 有下列情形之一的，应当从重处分：

（一）在 2 人以上的共同违法违纪行为中起主要作用的；

（二）隐匿、伪造、销毁证据的；

（三）串供或者阻止他人揭发检举、提供证据材料的；

（四）包庇同案人员的；

（五）法律、法规、规章规定的其他从重情节。

第十三条 有下列情形之一的，应当从轻处分：

（一）主动交代违法违纪行为的；

（二）主动采取措施，有效避免或者挽回损失的；

（三）检举他人重大违法违纪行为，情况属实的。

第十四条 行政机关公务员主动交代违法违纪行为，并主动采取措施有效避免或者挽回损失的，应当减轻处分。

行政机关公务员违纪行为情节轻微，经过批评教育后改正的，可以免予处分。

第十五条 行政机关公务员有本条例第十二条、第十三条规定情形之一的，应当在本条例第三章规定的处分幅度以内从重或者从轻给予处分。

行政机关公务员有本条例第十四条第一款规定情形的，应当在本条例第三章规定的处分幅度以外，减轻一个处分的档次给予处分。应当给予警告处分，又有减轻处分的情形的，免予处分。

第十六条 行政机关经人民法院、监察机关、行政复议机关或者上级行政机关依法认定有行政违法行为或者其他违法违纪行为，需要追究纪律责任的，对负有责任的领导人员和直接责任人员给予处分。

第十七条 违法违纪的行政机关公务员在行政机关对其作出处分决定前，已经依法被判处刑罚、罢免、免职或者已经辞去领导职务，依法应当给予处分的，由行政机关根据其违法违纪事实，给予处分。

行政机关公务员依法被判处刑罚的，给予开除处分。

第三章　违法违纪行为及其适用的处分

第十八条 有下列行为之一的，给予记大过处分；情节较重的，给予降级或者撤职处分；情节严重的，给予开除处分：

（一）散布有损国家声誉的言论，组织或者参加旨在反对国家的集会、游行、示威等活动的；

（二）组织或者参加非法组织，组织或者参加罢工的；

（三）违反国家的民族宗教政策，造成不良后果的；

（四）以暴力、威胁、贿赂、欺骗等手段，破坏选举的；

（五）在对外交往中损害国家荣誉和利益的；

（六）非法出境，或者违反规定滞留境外不归的；

（七）未经批准获取境外永久居留资格，或者取得外国国籍的；

（八）其他违反政治纪律的行为。

有前款第（六）项规定行为的，给予开除处分；有前款第（一）项、第（二）项或者第（三）项规定的行为，属于不明真相被裹挟参加，经批评教育后确有悔改表现的，可以减轻或者免予处分。

第十九条 有下列行为之一的，给予警告、记过或者记大过处分；情节较重的，给予降级或者撤职处分；情节严重的，给予开除处分：

（一）负有领导责任的公务员违反议事规则，个人或者少数人决定重大事项，或者改变集体作出的重大决定的；

（二）拒绝执行上级依法作出的决定、命令的；

（三）拒不执行机关的交流决定的；

（四）拒不执行人民法院对行政案件的判决、裁定或者监察机关、审计机关、行政复议机关作出的决定的；

（五）违反规定应当回避而不回避，影响公正执行公务，造成不良后果的；

（六）离任、辞职或者被辞退时，拒不办理公务交接手续或者拒不接受审计的；

（七）旷工或者因公外出、请假期满无正当理由逾期不归，造

成不良影响的;

(八) 其他违反组织纪律的行为。

第二十条 有下列行为之一的,给予记过、记大过处分;情节较重的,给予降级或者撤职处分;情节严重的,给予开除处分:

(一) 不依法履行职责,致使可以避免的爆炸、火灾、传染病传播流行、严重环境污染、严重人员伤亡等重大事故或者群体性事件发生的;

(二) 发生重大事故、灾害、事件或者重大刑事案件、治安案件,不按规定报告、处理的;

(三) 对救灾、抢险、防汛、防疫、优抚、扶贫、移民、救济、社会保险、征地补偿等专项款物疏于管理,致使款物被贪污、挪用,或者毁损、灭失的;

(四) 其他玩忽职守、贻误工作的行为。

第二十一条 有下列行为之一的,给予警告或者记过处分;情节较重的,给予记大过或者降级处分;情节严重的,给予撤职处分:

(一) 在行政许可工作中违反法定权限、条件和程序设定或者实施行政许可的;

(二) 违法设定或者实施行政强制措施的;

(三) 违法设定或者实施行政处罚的;

(四) 违反法律、法规规定进行行政委托的;

(五) 对需要政府、政府部门决定的招标投标、征收征用、城市房屋拆迁、拍卖等事项违反规定办理的。

第二十二条 弄虚作假,误导、欺骗领导和公众,造成不良后果的,给予警告、记过或者记大过处分;情节较重的,给予降级或者撤职处分;情节严重的,给予开除处分。

第二十三条 有贪污、索贿、受贿、行贿、介绍贿赂、挪用公款、利用职务之便为自己或者他人谋取私利、巨额财产来源不明等违反廉政纪律行为的，给予记过或者记大过处分；情节较重的，给予降级或者撤职处分；情节严重的，给予开除处分。

第二十四条 违反财经纪律，挥霍浪费国家资财的，给予警告处分；情节较重的，给予记过或者记大过处分；情节严重的，给予降级或者撤职处分。

第二十五条 有下列行为之一的，给予记过或者记大过处分；情节较重的，给予降级或者撤职处分；情节严重的，给予开除处分：

（一）以殴打、体罚、非法拘禁等方式侵犯公民人身权利的；

（二）压制批评，打击报复，扣压、销毁举报信件，或者向被举报人透露举报情况的；

（三）违反规定向公民、法人或者其他组织摊派或者收取财物的；

（四）妨碍执行公务或者违反规定干预执行公务的；

（五）其他滥用职权，侵害公民、法人或者其他组织合法权益的行为。

第二十六条 泄露国家秘密、工作秘密，或者泄露因履行职责掌握的商业秘密、个人隐私，造成不良后果的，给予警告、记过或者记大过处分；情节较重的，给予降级或者撤职处分；情节严重的，给予开除处分。

第二十七条 从事或者参与营利性活动，在企业或者其他营利性组织中兼任职务的，给予记过或者记大过处分；情节较重的，给予降级或者撤职处分；情节严重的，给予开除处分。

第二十八条 严重违反公务员职业道德，工作作风懈怠、工作态度恶劣，造成不良影响的，给予警告、记过或者记大过处分。

第二十九条 有下列行为之一的，给予警告、记过或者记大过处分；情节较重的，给予降级或者撤职处分；情节严重的，给予开除处分：

（一）拒不承担赡养、抚养、扶养义务的；

（二）虐待、遗弃家庭成员的；

（三）包养情人的；

（四）严重违反社会公德的行为。

有前款第（三）项行为的，给予撤职或者开除处分。

第三十条 参与迷信活动，造成不良影响的，给予警告、记过或者记大过处分；组织迷信活动的，给予降级或者撤职处分，情节严重的，给予开除处分。

第三十一条 吸食、注射毒品或者组织、支持、参与卖淫、嫖娼、色情淫乱活动的，给予撤职或者开除处分。

第三十二条 参与赌博的，给予警告或者记过处分；情节较重的，给予记大过或者降级处分；情节严重的，给予撤职或者开除处分。

为赌博活动提供场所或者其他便利条件的，给予警告、记过或者记大过处分；情节严重的，给予撤职或者开除处分。

在工作时间赌博的，给予记过、记大过或者降级处分；屡教不改的，给予撤职或者开除处分。

挪用公款赌博的，给予撤职或者开除处分。

利用赌博索贿、受贿或者行贿的，依照本条例第二十三条的规定给予处分。

第三十三条 违反规定超计划生育的，给予降级或者撤职处分；情节严重的，给予开除处分。

第四章　处分的权限

第三十四条 对行政机关公务员给予处分，由任免机关或者监察机关（以下统称处分决定机关）按照管理权限决定。

第三十五条 对经全国人民代表大会及其常务委员会决定任命的国务院组成人员给予处分，由国务院决定。其中，拟给予撤职、开除处分的，由国务院向全国人民代表大会提出罢免建议，或者向全国人民代表大会常务委员会提出免职建议。罢免或者免职前，国务院可以决定暂停其履行职务。

第三十六条 对经地方各级人民代表大会及其常务委员会选举或者决定任命的地方各级人民政府领导人员给予处分，由上一级人民政府决定。

拟给予经县级以上地方人民代表大会及其常务委员会选举或者决定任命的县级以上地方人民政府领导人员撤职、开除处分的，应当先由本级人民政府向同级人民代表大会提出罢免建议。其中，拟给予县级以上地方人民政府副职领导人员撤职、开除处分的，也可以向同级人民代表大会常务委员会提出撤销职务的建议。拟给予乡镇人民政府领导人员撤职、开除处分的，应当先由本级人民政府向同级人民代表大会提出罢免建议。罢免或者撤销职务前，上级人民政府可以决定暂停其履行职务；遇有特殊紧急情况，省级以上人民政府认为必要时，也可以对其作出撤职或者开除的处分，同时报告同级人民代表大会常务委员会，并通报下级人民代表大会常务委员会。

第三十七条 对地方各级人民政府工作部门正职领导人员给予处分，由本级人民政府决定。其中，拟给予撤职、开除处分的，由本级人民政府向同级人民代表大会常务委员会提出免职建议。免去职务前，本级人民政府或者上级人民政府可以决定暂停其履行职务。

第三十八条 行政机关公务员违法违纪，已经被立案调查，不宜继续履行职责的，任免机关可以决定暂停其履行职务。

被调查的公务员在违法违纪案件立案调查期间，不得交流、出境、辞去公职或者办理退休手续。

第五章 处分的程序

第三十九条 任免机关对涉嫌违法违纪的行政机关公务员的调

查、处理，按照下列程序办理：

（一）经任免机关负责人同意，由任免机关有关部门对需要调查处理的事项进行初步调查；

（二）任免机关有关部门经初步调查认为该公务员涉嫌违法违纪，需要进一步查证的，报任免机关负责人批准后立案；

（三）任免机关有关部门负责对该公务员违法违纪事实做进一步调查，包括收集、查证有关证据材料，听取被调查的公务员所在单位的领导成员、有关工作人员以及所在单位监察机构的意见，向其他有关单位和人员了解情况，并形成书面调查材料，向任免机关负责人报告；

（四）任免机关有关部门将调查认定的事实及拟给予处分的依据告知被调查的公务员本人，听取其陈述和申辩，并对其所提出的事实、理由和证据进行复核，记录在案。被调查的公务员提出的事实、理由和证据成立的，应予采信；

（五）经任免机关领导成员集体讨论，作出对该公务员给予处分、免予处分或者撤销案件的决定；

（六）任免机关应当将处分决定以书面形式通知受处分的公务员本人，并在一定范围内宣布；

（七）任免机关有关部门应当将处分决定归入受处分的公务员本人档案，同时汇集有关材料形成该处分案件的工作档案。

受处分的行政机关公务员处分期满解除处分的程序，参照前款第（五）项、第（六）项和第（七）项的规定办理。

任免机关应当按照管理权限，及时将处分决定或者解除处分决定报公务员主管部门备案。

第四十条 监察机关对违法违纪的行政机关公务员的调查、处理，依照《中华人民共和国行政监察法》规定的程序办理。

第四十一条 对行政机关公务员违法违纪案件进行调查，应当由2名以上办案人员进行；接受调查的单位和个人应当如实提供情况。

严禁以暴力、威胁、引诱、欺骗等非法方式收集证据；非法收集的证据不得作为定案的依据。

第四十二条 参与行政机关公务员违法违纪案件调查、处理的人员有下列情形之一的，应当提出回避申请；被调查的公务员以及与案件有利害关系的公民、法人或者其他组织有权要求其回避：

（一）与被调查的公务员是近亲属关系的；

（二）与被调查的案件有利害关系的；

（三）与被调查的公务员有其他关系，可能影响案件公正处理的。

第四十三条 处分决定机关负责人的回避，由处分决定机关的上一级行政机关负责人决定；其他违法违纪案件调查、处理人员的回避，由处分决定机关负责人决定。

处分决定机关或者处分决定机关的上一级行政机关，发现违法违纪案件调查、处理人员有应当回避的情形，可以直接决定该人员回避。

第四十四条 给予行政机关公务员处分，应当自批准立案之日起6个月内作出决定；案情复杂或者遇有其他特殊情形的，办案期限可以延长，但是最长不得超过12个月。

第四十五条 处分决定应当包括下列内容：

（一）被处分人员的姓名、职务、级别、工作单位等基本情况；

（二）经查证的违法违纪事实；

（三）处分的种类和依据；

（四）不服处分决定的申诉途径和期限；

（五）处分决定机关的名称、印章和作出决定的日期。

解除处分决定除包括前款第（一）项、第（二）项和第（五）项规定的内容外，还应当包括原处分的种类和解除处分的依据，以及受处分的行政机关公务员在受处分期间的表现情况。

第四十六条 处分决定、解除处分决定自作出之日起生效。

第四十七条 行政机关公务员受到开除处分后，有新工作单位的，其本人档案转由新工作单位管理；没有新工作单位的，其本人档案转由其户籍所在地人事部门所属的人才服务机构管理。

第六章 不服处分的申诉

第四十八条 受到处分的行政机关公务员对处分决定不服的，依照《中华人民共和国公务员法》和《中华人民共和国行政监察法》的有关规定，可以申请复核或者申诉。

复核、申诉期间不停止处分的执行。

行政机关公务员不因提出复核、申诉而被加重处分。

第四十九条 有下列情形之一的，受理公务员复核、申诉的机关应当撤销处分决定，重新作出决定或者责令原处分决定机关重新作出决定：

（一）处分所依据的违法违纪事实证据不足的；

（二）违反法定程序，影响案件公正处理的；

（三）作出处分决定超越职权或者滥用职权的。

第五十条 有下列情形之一的，受理公务员复核、申诉的机关应当变更处分决定，或者责令原处分决定机关变更处分决定：

（一）适用法律、法规、规章或者国务院决定错误的；

（二）对违法违纪行为的情节认定有误的；

（三）处分不当的。

第五十一条 行政机关公务员的处分决定被变更，需要调整该公务员的职务、级别或者工资档次的，应当按照规定予以调整；行政机关公务员的处分决定被撤销的，应当恢复该公务员的级别、工资档次，按照原职务安排相应的职务，并在适当范围内为其恢复名誉。

被撤销处分或者被减轻处分的行政机关公务员工资福利受到损失的，应当予以补偿。

第七章 附 则

第五十二条 有违法违纪行为应当受到处分的行政机关公务员，在处分决定机关作出处分决定前已经退休的，不再给予处分；但是，依法应当给予降级、撤职、开除处分的，应当按照规定相应降低或者取消其享受的待遇。

第五十三条 行政机关公务员违法违纪取得的财物和用于违法违纪的财物，除依法应当由其他机关没收、追缴或者责令退赔的，由处分决定机关没收、追缴或者责令退赔。违法违纪取得的财物应当退还原所有人或者原持有人的，退还原所有人或者原持有人；属于国家财产以及不应当退还或者无法退还原所有人或者原持有人的，上缴国库。

第五十四条 对法律、法规授权的具有公共事务管理职能的事业单位中经批准参照《中华人民共和国公务员法》管理的工作人员给予处分，参照本条例的有关规定办理。

第五十五条 本条例自 2007 年 6 月 1 日起施行。1988 年 9 月 13 日国务院发布的《国家行政机关工作人员贪污贿赂行政处分暂行规定》同时废止。

公务员奖励规定（试行）

关于印发《公务员奖励规定（试行）》的通知

中组发〔2008〕2号

各省、自治区、直辖市党委组织部、政府人事厅（局），
中央和国家机关各部委、各人民团体干部（人事）部门，
新疆生产建设兵团党委组织部、人事局：

现将《公务员奖励规定（试行）》印发给你们，请
结合实际认真贯彻执行。在实施中有何问题和建议，请及
时报告中央组织部、人事部。

中共中央组织部 人事部

2008年1月4日

第一章 总 则

第一条 为激励公务员忠于职守，勤政廉政，提高工作效能，
充分调动公务员工作的积极性，规范公务员奖励工作，根据公务员
法，制定本规定。

第二条 公务员奖励是指对工作表现突出，有显著成绩和贡

献，或者有其他突出事迹的公务员、公务员集体，依据本规定给予的奖励。

公务员集体是指按照编制序列设置的机构或者为完成专项任务组成的工作集体。

第三条 公务员奖励坚持公开、公平和公正的原则，坚持精神奖励与物质奖励相结合、以精神奖励为主的原则，及时奖励与定期奖励相结合，按照规定的条件、种类、标准、权限和程序进行。

第四条 中央公务员主管部门负责全国公务员奖励的综合管理工作。县级以上地方各级公务员主管部门负责本辖区内公务员奖励的综合管理工作。上级公务员主管部门指导下级公务员主管部门的公务员奖励工作。各级公务员主管部门指导同级各机关的公务员奖励工作。

第二章　奖励的条件和种类

第五条 公务员、公务员集体有下列情形之一的，给予奖励：

（一）忠于职守，积极工作，成绩显著的；

（二）遵守纪律，廉洁奉公，作风正派，办事公道，模范作用突出的；

（三）在工作中有发明创造或者提出合理化建议，取得显著经济效益或者社会效益的；

（四）为增进民族团结、维护社会稳定做出突出贡献的；

（五）爱护公共财产，节约国家资财有突出成绩的；

（六）防止或者消除事故有功，使国家和人民群众利益免受或者减少损失的；

（七）在抢险、救灾等特定环境中奋不顾身，做出贡献的；

（八）同违法违纪行为作斗争有功绩的；

（九）在对外交往中为国家争得荣誉和利益的；

（十）有其他突出功绩的。

第六条 对公务员、公务员集体的奖励分为：嘉奖、记三等功、记二等功、记一等功、授予荣誉称号。

（一）对表现突出的，给予嘉奖；

（二）对做出较大贡献的，记三等功；

（三）对做出重大贡献的，记二等功；

（四）对做出杰出贡献的，记一等功；

（五）对功绩卓著的，授予"人民满意的公务员"、"人民满意的公务员集体"或者"模范公务员"、"模范公务员集体"等荣誉称号。

第三章 奖励的权限和程序

第七条 给予公务员、公务员集体的奖励，经同级公务员主管部门或者市（地）级以上机关干部人事部门审核后，按照下列权限审批：

嘉奖、记三等功，由县级以上党委、政府或者市（地）级以上机关批准。

记二等功，由市（地）级以上党委、政府或者省级以上机关批准。

记一等功，由省级以上党委、政府或者中央机关批准。

授予荣誉称号，由省级以上党委、政府或者中央公务员主管部门批准。

由市（地）级以上机关审批的奖励，事先应当将奖励实施方案报同级公务员主管部门审核。

第八条 给予公务员、公务员集体奖励，一般按下列程序进行：

（一）公务员、公务员集体做出显著成绩和贡献需要奖励的，由所在机关（部门）在征求群众意见的基础上，提出奖励建议；

（二）按照规定的奖励审批权限上报；

（三）审核机关（部门）审核后，在一定范围内公示7个工作日。如涉及国家秘密不宜公示的，经审批机关同意可不予公示；

（四）审批机关批准，并予以公布。

《公务员奖励审批表》存入公务员本人档案；《公务员集体奖励审批表》存入获奖集体所在机关文书档案。

第九条 审批机关给予公务员、公务员集体奖励，必要时，应当按照干部管理权限，征得主管机关同意，并征求纪检机关（监察部门）和有关部门意见。

第四章 奖励的实施

第十条 对在本职工作中表现突出、有显著成绩和贡献的，应当给予奖励。给予嘉奖和记三等功，一般结合年度考核进行，年度考核被确定为优秀等次的，予以嘉奖，连续三年被确定为优秀等次的，记三等功；给予记二等功、记一等功和授予"人民满意的公务员"、"人民满意的公务员集体"荣誉称号，一般每五年评选一次。

对在处理突发事件和承担专项重要工作中做出显著成绩和贡献的，应当及时给予奖励。其中，符合授予荣誉称号条件的，授予"模范公务员"、"模范公务员集体"等荣誉称号。

对符合奖励条件的已故人员，可以追授奖励。

第十一条 对获得奖励的公务员、公务员集体，由审批机关颁布奖励决定，颁发奖励证书。获得记三等功以上奖励的，同时对公务员颁发奖章，对公务员集体颁发奖牌。

公务员、公务员集体的奖励证书、奖章和奖牌，按照规定的式样、规格、质地，由省级以上公务员主管部门统一制作或者监制。

第十二条 对获得奖励的公务员，按照规定标准给予一次性奖金。其中对获得荣誉称号的公务员，按照有关规定享受省部级以上劳动模范和先进工作者待遇。

中央公务员主管部门会同国务院财政部门，根据国家经济社会发展水平，及时调整公务员奖金标准。

对受奖励的公务员集体酌情给予一次性奖金，作为工作经费由集体使用，原则上不得向公务员个人发放。

公务员奖励所需经费，应当列入各部门预算，予以保障。

第十三条　给予公务员、公务员集体奖励，对于因同一事由已获得上级机关奖励的，下级机关不再重复奖励。

第十四条　对获得奖励的公务员、公务员集体，可以采取适当形式予以表彰。表彰形式应当庄重、节俭。

第五章　奖励的监督

第十五条　各地各部门不得自行设立本规定之外的其他种类的公务员奖励，不得违反本规定标准发放奖金，不得重复发放奖金。

第十六条　公务员、公务员集体有下列情形之一的，撤销奖励：

（一）申报奖励时隐瞒严重错误或者弄虚作假，骗取奖励的；

（二）严重违反规定奖励程序的；

（三）获得荣誉称号后，公务员受到开除处分、劳动教养、刑事处罚的，公务员集体严重违法违纪、影响恶劣的；

（四）法律、法规规定应当撤销奖励的其他情形。

第十七条　撤销奖励，由原申报机关按程序报审批机关批准，并予以公布。如涉及国家秘密不宜公布的，经审批机关同意可不予公布。

必要时，审批机关可以直接撤销奖励。

第十八条　公务员获得的奖励被撤销后，审批机关应当收回并公开注销其奖励证书、奖章，停止其享受的有关待遇。撤销奖励的决定存入公务员本人档案。

公务员集体获得的奖励被撤销后，审批机关应当收回并公开注销其奖励证书和奖牌。

第十九条 公务员主管部门和有关机关应当及时受理对公务员奖励工作的举报，并按照有关规定处理。

对在公务员奖励工作中有徇私舞弊、弄虚作假、不按规定条件和程序进行奖励等违法违纪行为的人员，以及负有领导责任的人员和直接责任人员，根据情节轻重，给予批评教育或者处分；构成犯罪的，依法追究刑事责任。

第六章　附　则

第二十条 对参照公务员法管理的机关（单位）中除工勤人员以外的工作人员和集体的奖励，参照本规定执行。

第二十一条 本规定由中共中央组织部、人事部负责解释，各地各部门可结合实际制定实施细则。

第二十二条 本规定自发布之日起施行。1995 年 7 月 3 日人事部印发的《国家公务员奖励暂行规定》（人核培发〔1995〕68 号）同时废止。

附件：
1、公务员奖励审批表（略）
2、公务员集体奖励审批表（略）
3、公务员奖金标准（略）
4、公务员奖励证书、奖章、奖牌式样（略）

公务员职务任免与职务升降
规定（试行）

中组发〔2008〕7 号
关于印发《公务员职务任免与职务升降规定（试行）》的通知

各省、自治区、直辖市党委组织部、政府人事厅（局），
中央和国家机关各部委、各人民团体干部（人事）部门，
新疆生产建设兵团党委组织部、人事局：

　　现将《公务员职务任免与职务升降规定（试行）》
印发给你们，请结合实际认真贯彻执行。在实施中有何问
题何建议，请及时报告中央组织部、人事部。人事部 1995
年 3 月 31 日印发的《国家公务员职务任免暂行规定》（人
核培发〔1995〕37 号）、1996 年 1 月 29 日印发的《国家
公务员职务升降暂行规定》（人发〔1996〕13 号）同时
废止。

中共中央组织部
人事部
2008 年 2 月 29 日

第一章 总 则

第一条 为完善公务员职务管理，合理任用公务员，规范公务员职务任免与职务升降工作，根据公务员法和有关法律、法规、章程，制定本规定。

第二条 公务员的职务任免与职务升降，必须贯彻党的干部路线和方针，坚持下列原则：

（一）党管干部原则；

（二）任人唯贤、德才兼备、注重实绩原则；

（三）民主、公开、竞争、择优原则。

第三条 本规定适用于委任制公务员。

选任制公务员以及法官、检察官职务的任免、升降按照有关法律、法规和章程的规定执行。

聘任制公务员的职务任免与职务升降，另行规定。

第四条 公务员职务任免与职务升降工作按照干部管理权限，依照法定的条件和程序进行。

第五条 领导成员职务应当按照规定实行任期制。

第二章 任 职

第六条 公务员任职，按照公务员职务序列，在规定的编制限额和职数内进行，并有相应的职位空缺。

第七条 公务员任职，应当具备拟任职务所要求的条件和资格。

第八条 公务员任职，应当符合交流和回避等有关规定。

第九条 公务员具有下列情形之一的，应予任职：

（一）新录用公务员试用期满经考核合格的；

（二）通过调任、公开选拔等方式进入公务员队伍的；

（三）晋升或者降低职务的；

（四）转任、挂职锻炼的；

（五）免职后需要新任职务的；

（六）其他原因需要任职的。

第十条 公务员任职，一般按照下列程序进行：

（一）按照有关规定提出拟任职人选；

（二）根据职位要求对拟任职人选进行考察或者了解；

（三）按照干部管理权限集体讨论决定；

（四）按照规定履行任职手续。

第十一条 公务员职务的任职时间，按照《党政领导干部选拔任用工作条例》和有关规定计算。

第十二条 公务员任职时，应当按照规定确定级别。

第十三条 公务员因工作需要在机关外兼任职务的，应当经有关机关批准，并不得领取兼职报酬。

第三章 免 职

第十四条 公务员具有下列情形之一的，应予免职：

（一）晋升职务后需要免去原任职务的；

（二）降低职务的；

（三）转任的；

（四）辞职或者调出机关的；

（五）非组织选派，离职学习期限超过一年的；

（六）退休的；

（七）其他原因需要免职的。

第十五条 公务员免职，按照下列程序进行：

（一）提出免职建议；

（二）对免职事由进行审核；

（三）按照干部管理权限集体讨论决定；

（四）按照规定履行免职手续。

第十六条 公务员有下列情形之一的，其职务自然免除，可不再办理免职手续，由所在单位报任免机关备案：

（一）受到刑事处罚或者劳动教养的；

（二）受到撤职以上处分的；

（三）被辞退的；

（四）法律、法规及有关章程有其他规定的。

第四章　晋升职务

第十七条 公务员晋升职务，应当具备拟任职务所要求的思想政治素质、工作能力、文化程度和任职经历等方面的条件和资格。

第十八条 公务员晋升职务，在规定任职资格年限内的年度考核结果均为称职以上等次。

第十九条 晋升县处级以上领导职务的公务员，应当具备《党政领导干部选拔任用工作条例》和有关法律、法规、章程规定的资格。

晋升乡科级领导职务的公务员，应当符合下列资格条件：

（一）具有大学专科以上文化程度；

（二）晋升乡科级正职领导职务的，应当担任副乡科级职务两年以上；

（三）晋升乡科级副职领导职务的，应当担任科员级职务三年以上；

（四）具有正常履行职责的身体条件；

（五）其他应当具备的资格。

第二十条 晋升综合管理类非领导职务须具备下列任职年限条件：

（一）晋升巡视员职务，应当任厅局级副职领导职务或者副巡视员五年以上；

（二）晋升副巡视员职务，应当任县处级正职领导职务或者调研员五年以上；

（三）晋升调研员职务，应当任县处级副职领导职务或者副调研员四年以上；

（四）晋升副调研员职务，应当任乡科级正职领导职务或者主任科员四年以上；

（五）晋升主任科员职务，应当任乡科级副职领导职务或者副主任科员三年以上；

（六）晋升副主任科员职务，应当任科员三年以上；

（七）晋升科员职务，应当任办事员三年以上。

晋升综合管理类以外其他职位类别非领导职务所需的任职年限条件，按照有关规定执行。

第二十一条　公务员晋升职务，应当逐级晋升。

特别优秀的公务员或者工作特殊需要的，可以破格或者越级晋升职务。破格和越级晋升条件和程序另行规定。

第二十二条　公务员晋升领导职务，按照下列程序办理：

（一）民主推荐，确定考察对象；

（二）组织考察，研究提出任职建议方案，并根据需要在一定范围内进行酝酿；

（三）按照干部管理权限集体讨论决定；

（四）按照规定办理任职手续。

公务员晋升非领导职务，参照前款规定的程序办理。

第二十三条　机关内设机构厅局级正职以下领导职务出现空缺时，可以在本机关或者本系统内通过竞争上岗的方式，产生任职人选。

厅局级正职以下领导职务或者副调研员以上及其他相当职务层

次的非领导职务出现空缺，可以面向社会公开选拔，产生任职人选。

第二十四条　公务员晋升领导职务的，应当按照有关规定实行任前公示制度和任职试用期制度。

第五章　降　职

第二十五条　科员以上职务的公务员，在定期考核中被确定为不称职的，应予降职。

第二十六条　公务员降职，一般降低一个职务层次。

第二十七条　公务员降职，按照下列程序进行：

（一）提出降职建议；

（二）对降职事由进行审核并听取拟降职人的意见；

（三）按照干部管理权限集体讨论决定；

（四）按照规定办理降职手续。

第二十八条　公务员被降职的，其级别超过新任职务对应的最高级别的，应当同时降至新任职务对应的最高级别。

第二十九条　降职的公务员，在新的职位工作一年以上，德才表现和工作实绩突出，经考察符合晋升职务条件的，可晋升职务。其中，降职时降低级别的，其级别按照规定晋升；降职时未降低级别的，晋升到降职前职务层次的职务时，其级别不随职务晋升。

第六章　纪律与监督

第三十条　在公务员的职务任免与职务升降工作中，不得有下列行为：

（一）超编制、超职数、超机构规格或者自设职位任用与晋升公务员职务；

（二）随意放宽或者改变公务员职务任用和晋升的条件；

（三）在考察工作中隐瞒、歪曲事实真相，或者泄露酝酿、讨论公务员职务任免与职务升降的情况；

（四）违反规定程序决定公务员的职务任免与职务升降；

（五）突击晋升公务员职务；

（六）任人唯亲、封官许愿、营私舞弊、打击报复；

（七）其他妨碍公务员职务任免与职务升降工作公正合理进行的行为。

第三十一条　对违反本规定作出的决定，由有关机关予以纠正，并按规定对主要责任人以及其他直接责任人进行处理，触犯法律的，依法处理。

第三十二条　公务员对免职、降职决定不服，可以按照有关规定申请复核或者提出申诉。公务员主管部门和有关机关按照有关规定负责处理。

第七章　附　则

第三十三条　双重管理的公务员职务任免与职务升降，按照有关规定办理。

第三十四条　参照公务员法管理的机关（单位）工作人员的职务任免与职务升降，参照本规定执行。

第三十五条　本规定由中共中央组织部、人事部负责解释。

第三十六条　本规定自发布之日起施行。

公务员调任规定（试行）

中组发〔2008〕6号

关于印发《公务员调任规定（试行）》的通知

各省、自治区、直辖市党委组织部、政府人事厅（局），
中央和国家机关各部委、各人民团体干部（人事）部门、
新疆生产建设兵团党委组织部、人事局：

　　现将《公务员调任规定（试行）》印发给你们，请
结合实际认真贯彻执行。在实施中有何问题和建议，请及
时报告中央组织部、人事部。

中共中央组织部

人事部

2008年2月29日

第一章　总　则

　　第一条　为拓宽选人渠道，优化公务员队伍结构，规范公务员
调任工作，根据公务员法和有关法律、法规，制定本规定。

　　第二条　本规定所称调任，是指国有企业事业单位、人民团体

和群众团体中从事公务的人员调入机关担任领导职务或者副调研员以上及其他相当职务层次的非领导职务。

调任领导成员另有规定的，从其规定。

第三条 调任必须坚持德才素质与职位要求相适应的原则，根据工作需要和资格条件，坚持组织安排与个人意愿相结合，从严掌握，择优任用。

第四条 调任必须在规定的编制限额和职数内进行，并有相应的职位空缺。

第五条 各级公务员主管部门按照管理权限和职责分工负责公务员调任工作的综合管理和监督检查。

第二章　调任资格条件

第六条 调任人选应当具备公务员法第十一条规定的条件，还应当具备下列资格条件：

（一）具有良好的政治、业务素质，工作能力强、勤奋敬业、实绩突出。

（二）具有与拟调任职位要求相当的工作经历和任职资历。

（三）具备公务员法及其配套法规规定的晋升至拟任职务累计所需的最低工作年限。

专业技术人员调入机关任职的，应当担任副高级专业技术职务2年以上，或者已担任正高级专业技术职务。

（四）调入中央机关、省级机关任职的，应当具有大学本科以上文化程度；调入市（地）级以下机关任职的，应当具有大学专科以上文化程度。

（五）调任厅局级职务的，原则上不超过55周岁；调任县（市）领导班子成员职务的，原则上不超过50周岁，调任其他处级职务的，原则上不超过45周岁；调任科级领导职务的，原则上不超过 40 周岁。

（六）符合法律、法规、章程规定的其他条件。

因工作特殊需要，前款第（三）、（四）、（五）项需适当调整的，市（地）级以下机关应当按照干部管理权限报上一级公务员主管部门批准同意，省级以上机关应当按照干部管理权限报同级公务员主管部门批准同意。

第七条 公务员调出机关后拟再调入机关担任高于调出机关时所任职务的，应当具备从调出机关时所任职务晋升至拟调任职务所需的任职资格年限。

第八条 有下列情形之一的人员，不得调任：

（一）曾因犯罪受过刑事处罚的；

（二）曾被开除公职的；

（三）涉嫌违纪违法正在接受有关的专门机关审查尚未作出结论的；

（四）受处分期间或者未满影响期限的；

（五）正在接受审计机关审计的；

（六）法律、法规规定的其他情形。

第三章 调任程序

第九条 调任按照以下程序进行：

（一）根据工作需要确定调任职位及调任条件；

（二）提出调任人选；

（三）征求调出单位意见；

（四）组织考察；

（五）集体讨论决定；

（六）调任公示；

（七）报批或者备案；

（八）办理调动、任职和公务员登记手续。

第十条　根据调任职位的要求，调任人选通过组织推荐方式产生。必要时，可以对调任人选进行考试。

第十一条　对调任人选应当进行严格考察，并形成书面考察材料。考察内容包括调任人选的德、能、勤、绩、廉等方面的表现。

考察时，应听取调任人选所在单位有关领导、群众和干部人事部门、纪检监察机构的意见。所在单位应予积极配合，并提供客观、真实反映调任人选现实表现和廉政情况的材料。

第十二条　根据考察情况集体讨论决定拟调任人员，并按照任前公示制有关规定在调出、调入单位予以公示。

第十三条　公示期满，对没有反映问题或者反映问题不影响调任的，按规定程序进行审批或备案；对反映有严重问题未经查实的，待查实并做出结论后再决定是否调任。

第十四条　按照干部管理权限确定拟调任人员后，调入机关按照规定的权限办理审批或者备案。

地方省级以下机关调任公务员须报市（地）级以上公务员主管部门审批。

呈报审批、备案的材料应当包括请示、公务员调任审批（备案）表、考察材料、调出单位意见和纪检监察机构提供的廉政情况；按规定需要进行离任审计或者经济责任审计的人员，应当对其进行审计，并提供审计机关的审计结论。

调任人员审批、备案后，办理调动手续，并按有关规定进行公务员登记。

第十五条　调任人员的级别和有关待遇，根据其调任职务，结合本人原任职务、工作经历、文化程度等条件，比照调入机关同等条件人员确定。

第十六条 调任人员除由国家权力机关依法任命职务的以外，一般实行任职试用期制，试用期为一年。试用期满考核合格的，正式任职；考核不合格的，另行安排工作。

第四章 纪律与监督

第十七条 调任必须遵守下列纪律：

（一）调任审批或者备案机关应当严格履行职责，认真审核把关，不得随意降低标准，放宽条件；

（二）调入机关应当严格履行有关程序，按照干部管理权限集体讨论决定，不得个人或者少数人说了算，弄虚作假，搞不正之风；

（三）调出单位应当严格执行干部人事管理工作的有关法规、政策，提供真实情况，不得突击提拔；

（四）参加考察的人员应当如实反映考察情况和意见，不得隐瞒、歪曲事实真相；

（五）调任人员应当遵守有关规定，接到调动通知后，在规定期限内办理行政、工资关系等有关手续。

第十八条 调任工作中存在应当回避情形的，按照有关规定执行。

第十九条 对违反规定的调任事项，呈报的不予批准；已经作出决定的宣布无效，并按照规定对主要责任人以及直接责任人作出组织处理或者处分。构成犯罪的，依法追究刑事责任。

第五章 附 则

第二十条 国有企业和未参照公务员法管理的事业单位、人民团体和群众团体中从事公务的人员调入参照公务员法管理的机关（单位）担任本规定第二条所列职务，参照本规定执行。

第二十一条　本规定由中共中央组织部、人事部负责解释。各省、自治区、直辖市公务员主管部门和中央、国家机关可根据本规定，结合各自实际，制定实施办法。

第二十二条　本规定自发布之日起施行。

聘任制公务员管理规定（试行）

（2017 年 7 月 19 日中央全面深化改革领导小组第三十七次会议审议通过）

第一章 总 则

第一条 为了健全用人机制，满足机关吸引和使用优秀人才的需求，提高公务员队伍专业化水平，规范公务员聘任工作，保障机关和聘任制公务员合法权益，根据《中华人民共和国公务员法》等相关法律法规，制定本规定。

第二条 本规定所称聘任制公务员，是指以合同形式聘任、依法履行公职、纳入国家行政编制、由国家财政负担工资福利的工作人员。

涉及国家秘密的职位不实行聘任制。

第三条 聘任制公务员的管理，坚持党管干部、党管人才原则，坚持德才兼备、以德为先，坚持公开、平等、竞争、择优，坚持监督约束与激励保障并重，依照法定的权限、条件、标准和程序进行。

机关依据公务员法和聘任合同对所聘公务员进行管理。

第四条 中央公务员主管部门负责全国聘任制公务员的综合管

理工作。县级以上地方各级公务员主管部门负责本辖区内聘任制公务员的综合管理工作。上级公务员主管部门指导下级公务员主管部门的聘任制公务员管理工作。各级公务员主管部门指导同级机关的聘任制公务员管理工作。

第二章 职位设置与招聘

第五条 机关聘任公务员，主要面向专业性较强的职位，确有特殊需要的，也可以面向辅助性职位。聘任为领导职务的，应当是专业性较强的职位。

专业性较强的职位，是指具有低替代性，要求具备经过专门学习才能掌握的专业知识、专业技能的职位。

辅助性职位，是指具有较强事务性，在机关工作中处于辅助地位的职位。

第六条 机关聘任公务员，应当根据工作需要，在规定的编制限额和工资经费限额内进行。

第七条 机关聘任公务员，应当制定职位设置与招聘工作方案。职位设置与招聘工作方案包括聘任事由、编制使用情况、拟聘职位及名额、资格条件、待遇、聘期、招聘方式、程序等内容。

中央和国家机关及其直属机构职位设置与招聘工作方案，报中央公务员主管部门审批。省级以下机关及其直属机构职位设置与招聘工作方案，按程序逐级审核后报省级公务员主管部门审批。

省级以上公务员主管部门或者经授权同意的设区的市级公务员主管部门具体负责招聘的组织实施。

第八条 应聘人员除应当具备公务员法规定的条件外，还应当具备省级以上公务员主管部门批准的拟聘任职位所要求的资格条件。

应聘人员不得应聘与聘任机关公务员有任职回避情形的职位。

第九条 机关聘任公务员，一般应当面向社会公开招聘。公开招聘按照以下程序进行：

（一）发布招聘公告。招聘公告应当载明聘任机关、聘任职位、职责、应聘资格条件、待遇、聘期，报名的方式方法、时间和地点，应聘需要提交的申请材料，考试测评内容、时间和地点以及其他应聘须知事项。

（二）报名与资格审查。应聘人员应当向机关提交真实、准确的申请材料。机关在规定时间内确认应聘人员是否具有应聘资格。

（三）考试测评。采取笔试、面试等方式进行，突出岗位特点，重点测查应聘人员的专业素养、业务能力和岗位匹配程度。

（四）考察与体检。机关根据考试测评成绩确定考察人选，并对其进行考察和体检。考察内容主要包括应聘人员的政治思想、道德品质、能力素质、学习和工作表现、工作业绩、遵纪守法、廉洁自律等方面的情况。

（五）公示。机关根据考试测评、考察情况和体检结果，择优提出拟聘任人员名单，并进行公示。公示期不少于五个工作日。

（六）审批或者备案。公示期满，对没有问题或者所反映问题不影响聘任的，中央和国家机关及其直属机构拟聘任人员名单报中央公务员主管部门备案，地方各级机关拟聘任人员名单报省级公务员主管部门或者经授权同意的设区的市级公务员主管部门审批。

（七）办理聘任手续。聘任机关与拟聘任人员签订聘任合同，办理相关手续。

公开招聘专业性较强的职位，经省级以上公务员主管部门批准，可以对上述程序进行调整或者适当简化。

第十条 对于工作急需、符合聘任职位条件的人选少、难以进行公开招聘的专业性较强的职位，经省级以上公务员主管部门批准，机关可以从符合条件的人员中直接选聘。直接选聘一般按照以下程序进行：

（一）提出拟聘任人选。机关根据平时掌握的情况或者通过相关单位、专业机构、同行专家等推荐，提出拟聘任人选。

（二）资格审查。根据招聘资格条件对应聘人员进行审查，重点审查政治品质、工作履历和工作业绩。

（三）考核测评。采取履历分析、面试比选、专家评审、业绩考核等方式，重点对拟聘任人选的专业素养、业务能力和岗位匹配程度进行考核、测评。

（四）考察与体检。

（五）公示。

（六）审批或者备案。

（七）办理聘任手续。

第十一条　机关不得聘任有下列情形之一的人员：

（一）曾因犯罪受过刑事处罚的；

（二）曾被开除公职或者因违纪违法被机关、事业单位解除聘任合同或者聘用合同的；

（三）涉嫌违纪违法正在接受专门机关审查尚未作出结论的；

（四）受纪律处分期间或者未满影响期限的；

（五）按照有关规定被列为失信联合惩戒对象的；

（六）法律法规规定的其他不得担任公务员情形的。

第三章　聘任合同

第十二条　机关聘任公务员，应当按照平等自愿、协商一致的原则，与所聘公务员签订书面的聘任合同，确定双方的权利和义务。

第十三条　聘任合同应当具备合同期限，职位及其职责要求，工作条件，工资、福利、保险待遇，解除聘任合同情形，违约责任等条款。

聘任机关与所聘公务员根据需要，可以在聘任合同中约定前款规定之外的保密管理、离职后从业限制等其他事项。

第十四条 聘任合同期限为一年至五年，由聘任机关根据工作任务和目标与拟聘任公务员协商确定。首次签订聘任合同的，可以约定试用期，试用期为一个月至六个月。

聘任为领导职务的，聘任合同期限为三年至五年，试用期为一年。

第十五条 聘任合同经双方协商一致，可以变更或者解除。变更或者解除聘任合同，应当采用书面形式。

第十六条 有下列情形之一的，聘任机关可以解除聘任合同：

（一）未经批准在其他单位兼职的；

（二）患病或者非因公负伤规定医疗期满后，不能从事原工作的；

（三）因订立合同所依据的客观情况发生重大变化，致使合同无法继续履行，经双方协商，未能就变更聘任合同内容达成协议的；

（四）法律法规规定或者聘任合同约定聘任机关可以解除聘任合同的其他情形。

聘任机关因前款第（二）、（三）项情形之一解除聘任合同的，应当提前三十日以书面形式通知聘任制公务员本人。

第十七条 有下列情形之一的，聘任机关应当解除聘任合同：

（一）经试用不符合聘任条件的；

（二）聘期内年度考核不称职的；

（三）不履行公务员义务，不遵守公务员纪律，经教育仍无转变，不适合继续在机关工作的；

（四）除本规定第十六条第一款第（二）项的情形外，其他因个人原因不能正常履行聘任合同约定工作职责的；

（五）旷工或者因公外出、请假期满无正当理由逾期不归连续超过十五天，或者一年内累计超过三十天的；

（六）有严重违纪违法行为或者被依法追究刑事责任的；

（七）法律法规规定或者聘任合同约定聘任机关应当解除聘任合同的其他情形。

第十八条 聘任制公务员在聘期内有公务员法规定不得辞退情形之一的，聘任机关不得解除聘任合同，但有本规定第十六条第一款第（一）项和第十七条第（一）、（三）、（五）、（六）、（七）项情形的除外。

第十九条 有下列情形之一的，聘任制公务员以书面形式通知机关后可以解除聘任合同：

（一）在试用期内的；

（二）聘任机关未按照聘任合同约定支付工资、未依法为聘任制公务员缴纳社会保险费等，或者未提供必要工作条件的；

（三）法律法规规定或者聘任合同约定聘任制公务员可以解除聘任合同的其他情形。

第二十条 聘任制公务员可以申请解除聘任合同，但有下列情形之一的除外：

（一）重要公务尚未处理完毕，且必须由本人继续处理的；

（二）正在接受审计、纪律审查，或者涉嫌犯罪，司法程序尚未终结的；

（三）法律法规规定或者聘任合同约定的其他不得解除聘任合同的情形。

聘任制公务员申请解除聘任合同，应当以书面形式向聘任机关提出。聘任机关应当在三十日内予以答复，未在规定时间内答复的视为同意解除聘任合同。未获批准前，聘任制公务员不得自行离职。

第二十一条 依照本规定第十六条第一款第（二）、（三）项解除聘任合同的，聘任机关应当向聘任制公务员支付经济补偿。经济补偿按照聘任制公务员在本机关工作的年限，每满一年支付一个月工资的标准执行。工作六个月以上不满一年的，支付一个月工资的经济补偿；不满六个月的，支付半个月工资的经济补偿。

依照本规定第十九条第（二）项解除聘任合同的，聘任机关应当按照合同约定支付工资，补缴社会保险费，并承担相应违约责任。

第二十二条　聘任合同期满或者聘任合同约定的终止条件出现，聘任合同即行终止。

聘任制公务员患病或者非因公负伤在规定的医疗期内的，女性在孕期、产假、哺乳期内的，聘任合同应当延续至相应的情形消失时终止，本人要求不延续的除外。

第二十三条　聘任合同解除或者终止，聘任机关应当出具解除或者终止聘任合同的书面证明，按规定办理人事档案、社会保险关系转移等相关手续；聘任制公务员应当按照要求进行公务交接，并履行法律法规规定和聘任合同约定的相关义务。

第二十四条　聘任合同的签订、变更、解除或者终止，应当报同级公务员主管部门备案。

第四章　日常管理

第二十五条　聘任制公务员试用期满合格后，聘任机关按照有关规定进行聘任制公务员登记，人事档案由聘任机关管理和保存。

第二十六条　聘任机关根据公务员考核有关规定，依据聘任合同全面考核聘任制公务员的德、能、勤、绩、廉，重点考核其完成聘任合同确定的工作任务情况。考核结果作为聘任制公务员获得工资、奖励等的依据。

聘任制公务员的考核坚持平时考核和定期考核相结合，定期考核一般按照年度进行，必要时可以采取聘期考核、绩效考核、目标责任考核等方式，考核结果应当向本人反馈。

第二十七条　聘任制公务员在聘期内一般不得变动职位。

聘任机关根据工作需要、考核结果和聘任制公务员本人意愿，经省级以上公务员主管部门批准，聘任合同期满后可以续聘。

对在专业性较强的职位上表现突出、作出显著成绩和贡献、工作长期需要的聘任制公务员，聘期满五年，年度考核结果均为称职以上或者聘期考核结果为优秀的，经省级以上公务员主管部门批准，可以转为委任制公务员。

第二十八条　聘任制公务员实行协议工资制，聘任制公务员工资一般按月支付，也可以实行年薪制等特殊工资政策。

聘任机关应当根据聘任职位，综合考虑市场同类人员和本单位其他公务员工资水平等因素，提出聘任职位所需的工资额度，报同级人力资源社会保障、财政部门核定。聘任制公务员的工资水平根据市场同类人员和本单位其他公务员工资水平调整情况进行调整。

第二十九条　聘任制公务员按照国家规定和聘任协议享受住房补贴、医疗补助等。

第三十条　聘任制公务员按照国家有关规定参加基本养老保险和职业年金、基本医疗保险、工伤保险、失业保险、生育保险。

第三十一条　聘任制公务员工资、福利、保险等待遇所需经费，通过政府预算安排。

第三十二条　国家鼓励聘任制公务员在工作中进行发明创造，对取得显著经济效益或者社会效益的给予奖励。

符合条件的聘任制公务员，经批准可以参加中央和地方各级重大人才工程和科研项目评选。

第三十三条　聘任制公务员与聘任机关之间因履行聘任合同发生争议的，可以依据有关规定申请人事争议仲裁。当事人对仲裁裁决不服的，可以按照有关规定向人民法院提起诉讼。仲裁裁决生效后，一方当事人不履行的，另一方当事人可以申请人民法院执行。

第五章　纪律监督

第三十四条　聘任制公务员必须遵守公务员法等相关法律法规规定和聘任合同约定的纪律要求。

聘任制公务员在履行职责中有弄虚作假、滥用职权、玩忽职守、徇私舞弊等违纪违法行为的，依照有关规定给予批评教育、组织处理或者纪律处分；构成犯罪的，依法追究刑事责任。

第三十五条　机关公开招聘和直接选聘公务员应当依法接受监督。组织招聘时，公务员主管部门和机关应当及时受理举报，并按照管理权限处理。

有下列情形之一的，省级以上公务员主管部门或者经授权同意的设区的市级公务员主管部门视情况分别予以责令纠正或者宣布无效；对负有领导责任和直接责任的人员，根据情节轻重，给予批评教育、组织处理或者纪律处分；构成犯罪的，依法追究刑事责任：

（一）不按规定的编制限额进行聘任的；

（二）不按规定的资格条件和程序聘任的；

（三）未经授权，擅自出台、变更聘任政策，造成不良影响的；

（四）聘任工作中徇私舞弊的。

第三十六条　从事聘任工作的人员有下列情形之一的，按照管理职能和权限，视情节轻重，给予批评教育、组织处理或者纪律处分；构成犯罪的，依法追究刑事责任：

（一）泄露试题或者其他招聘秘密信息的；

（二）弄虚作假进行聘任的；

（三）利用工作便利，协助应聘人员作弊的；

（四）因工作失职造成不良后果的；

（五）违反法律法规及本规定的其他行为的。

第三十七条　对违反招聘纪律的应聘人员，视情节轻重，分别给予批评教育，取消考试测评、考察与体检资格，不予聘任或者解除聘任合同等处理。

应聘人员在考试及相关环节中违纪违规行为的认定与处理，参照公务员考试录用违纪违规行为处理有关规定执行。

第三十八条 除本规定第十九条所列情形外，聘任制公务员提出解除聘任合同的，按照公务员从业限制有关规定，领导职务公务员在离职三年内，其他公务员在离职两年内，不得到与原工作业务直接相关的企业或者其他营利性组织任职，不得从事与原工作业务直接相关的营利性活动。

第六章　附　则

第三十九条 法律法规对领导职务聘任另有规定的，从其规定。

第四十条 参照公务员法管理机关（单位）聘任工勤人员以外的工作人员，参照本规定执行。

第四十一条 本规定由中共中央组织部、人力资源社会保障部及国家公务员局负责解释。

第四十二条 本规定自 2017 年 9 月 19 日起施行。2011 年 1 月 28 日中共中央组织部、人力资源社会保障部印发的《聘任制公务员管理试点办法》同时废止。

行政执法类公务员管理规定（试行）

（2016 年 7 月 14 日中共中央办公厅、国务院办公厅印发）

第一章　总　　则

第一条　为了完善公务员职位分类，建立符合行政执法类公务员特点的管理制度，提高管理效能和科学化水平，建设高素质公务员队伍，根据公务员法及有关法律法规，制定本规定。

第二条　本规定所称行政执法类公务员，是指依照法律、法规对行政相对人直接履行行政许可、行政处罚、行政强制、行政征收、行政收费、行政检查等执法职责的公务员，其职责具有执行性、强制性。

第三条　行政执法类公务员的管理，坚持党管干部原则，坚持德才兼备、以德为先，坚持注重实绩、群众公认，坚持监督约束与激励保障并重，注重提高执法效能。

行政执法类公务员的管理，坚持公开、平等、竞争、择优的原则，依照法定的权限、条件、标准和程序进行。

第四条　行政执法类公务员应当模范遵守宪法和法律，按照规定的权限和程序认真履行职责，坚持依法行政，做到严格规范公正文明执法。

第五条　中央公务员主管部门负责全国行政执法类公务员的综合管理工作。县级以上地方各级公务员主管部门负责本辖区内行政执法类公务员的综合管理工作。上级公务员主管部门指导下级公务员主管部门的行政执法类公务员管理工作。各级公务员主管部门指导同级机关的行政执法类公务员管理工作。

第二章　职位设置

第六条　行政执法类公务员职位根据工作性质、执法职能和管理需要，在以行政执法工作为主要职责的机关或者内设机构设置。

行政执法类公务员职位设置范围由中央公务员主管部门确定。

第七条　机关依照职能、国家行政编制和中央公务员主管部门确定的职位设置范围等，制定本机关行政执法类公务员职位设置方案，并确定职位的具体工作职责和任职资格条件。

第八条　中央和国家机关直属机构行政执法类公务员职位设置方案，报中央公务员主管部门审批；省级以下机关及其直属机构行政执法类公务员职位设置方案，由省级公务员主管部门审批后报中央公务员主管部门备案。

第三章　职务与级别

第九条　行政执法类公务员按照行政执法类公务员职务序列进行管理。

行政执法类公务员职务，分为十一个层次。通用职务名称由高至低依次为：督办、一级高级主办、二级高级主办、三级高级主办、四级高级主办、一级主办、二级主办、三级主办、四级主办、一级行政执法员、二级行政执法员。

具体职务名称由中央公务员主管部门以通用职务名称为基础确定。

第十条 行政执法类公务员职务与级别的对应关系是：

（一）督办：十五级至十级；

（二）一级高级主办：十七级至十一级；

（三）二级高级主办：十八级至十二级；

（四）三级高级主办：十九级至十三级；

（五）四级高级主办：二十级至十四级；

（六）一级主办：二十一级至十五级；

（七）二级主办：二十二级至十六级；

（八）三级主办：二十三级至十七级；

（九）四级主办：二十四级至十八级；

（十）一级行政执法员：二十六级至十八级；

（十一）二级行政执法员：二十七级至十九级。

第十一条 行政执法类公务员职务职数一般应当按照行政执法类公务员职位数量的一定比例核定，具体办法由中央公务员主管部门另行规定。

第四章 职务任免与升降

第十二条 行政执法类公务员职务任免与升降工作，由各级党委（党组）及其组织（人事）部门按照干部管理权限，依照法定的条件和程序进行。

第十三条 行政执法类公务员任职，应当按照行政执法类公务员职务序列，在规定的职位设置范围和职数内进行。

第十四条 行政执法类公务员晋升职务，应当具备拟任职务所要求的思想政治素质、工作能力、文化程度、任职年限和任职经历等方面的基本条件，并在规定任职年限内的年度考核结果均为称职以上等次。

晋升行政执法类公务员职务的任职年限，由中央公务员主管部门另行规定。

第十五条 行政执法类公务员在年度考核中被确定为不称职的，按照有关规定降低一个职务层次任职。

第十六条 行政执法类公务员转任其他职位类别职务的，应当予以免职。

第十七条 试用期满考核合格的新录用行政执法类公务员，应当按照规定在一级主办以下职务层次范围内任职定级。

第五章 管理与监督

第十八条 一级主办以下职务层次行政执法类公务员的录用，应当采取公开考试、严格考察、平等竞争、择优录取的办法。

考试内容根据行政执法类公务员应当具备的思想政治素质、法律知识、工作能力和不同职位要求分类分级设置。

第十九条 行政执法类公务员的考核，以职位职责和所承担的行政执法工作为基本依据，全面考核德、能、勤、绩、廉，重点考核履行行政执法职责、完成行政执法工作的情况，必要时可听取行政相对人的意见。

第二十条 行政执法类公务员应当接受初任培训、专门业务培训、在职培训，培训内容侧重职业道德、工作所必需的法律知识、执法技能和应对突发事件能力等。

第二十一条 行政执法类公务员交流的方式包括调任、转任、挂职锻炼。

行政执法类公务员在同一职位工作时间较长的，应当交流。

第二十二条 国有企业事业单位、人民团体和群众团体的工作人员，可以按照公务员调任有关规定调入机关，担任四级高级主办以上职务。

第二十三条 行政执法类公务员转任，一般在行政执法类公务员职位范围内进行。因工作需要，也可以在不同职位类别之间进行。

行政执法类公务员转任其他职位类别职务的，一般应当在行政执法类公务员职位工作满五年，并按照干部管理权限，综合考虑其任职经历、工作经历等条件，比照确定职务层次。

其他职位类别公务员转任行政执法类公务员职务的，应当具备拟转任职务所要求的条件。

第二十四条 行政执法类公务员执行国家规定的工资和津贴补贴政策。

第二十五条 机关应当加强对行政执法类公务员的监督，全面落实行政执法责任制。

行政执法类公务员在履行职责中有违纪违法行为以及违反机关的决定和命令的，依照有关规定给予批评教育、组织处理或者纪律处分；构成犯罪的，依法追究刑事责任。

第二十六条 行政执法类公务员在执行公务中有应当回避情形的，本人应当申请回避，行政相对人可以提出回避申请，主管领导可以提出回避要求，由所在机关作出回避决定。

第二十七条 对有下列情形的，由县级以上领导机关或者公务员主管部门按照管理权限，区别不同情况，分别予以责令纠正或者宣布无效；对负有责任的领导人员和直接责任人员，根据情节轻重，给予批评教育、组织处理或者纪律处分；构成犯罪的，依法追究刑事责任：

（一）擅自扩大行政执法类公务员职位设置范围的；

（二）超职数设置行政执法类公务员职务的；

（三）随意放宽任职资格条件的；

（四）违反规定的条件和程序进行录用、调任、转任的；

（五）违反国家规定，更改行政执法类公务员工资、福利、保险待遇标准的；

（六）违反本规定的其他行为。

第六章　附　则

第二十八条　担任领导职务的行政执法类公务员，法律、法规对其选拔任用、管理监督等另有规定的，按照有关规定执行。

第二十九条　行政执法类公务员的管理，本规定未作规定的，按照公务员法及其配套法规执行。

第三十条　参照公务员法管理的事业单位中从事行政执法工作的工作人员，经省级以上公务员主管部门批准，参照本规定进行管理。

第三十一条　本规定由中共中央组织部、人力资源社会保障部和国家公务员局负责解释。

第三十二条　本规定自 2016 年 7 月 8 日起施行。

专业技术类公务员管理规定（试行）

(2016 年 7 月 14 日中共中央办公厅、国务院办公厅印发)

第一章　总　则

第一条　为了完善公务员职位分类，建立符合专业技术类公务员特点的管理制度，提高管理效能和科学化水平，建设高素质专业化公务员队伍，根据公务员法及有关法律、法规，制定本规定。

第二条　本规定所称专业技术类公务员，是指专门从事专业技术工作，为机关履行职责提供技术支持和保障的公务员，其职责具有强技术性、低替代性。

第三条　专业技术类公务员的管理，坚持党管干部原则，坚持德才兼备、以德为先，坚持注重实绩、业内认可，坚持分渠道发展、专业化建设，坚持监督约束与激励保障并重。

专业技术类公务员的管理，坚持公开、平等、竞争、择优的原则，依照法定的权限、条件、标准和程序进行。

第四条　中央公务员主管部门负责全国专业技术类公务员的综合管理工作。县级以上地方各级公务员主管部门负责本辖区内专业技术类公务员的综合管理工作。上级公务员主管部门指导下级公务员主管部门的专业技术类公务员管理工作。各级公务员主管部门指导同级机关的专业技术类公务员管理工作。

第二章　职位设置

第五条　专业技术类公务员职位根据工作性质、专业特点和管理需要，在以专业技术工作为主要职责的机关内设机构或者岗位设置。

专业技术类公务员职位设置范围由中央公务员主管部门确定。

第六条　机关依照职能、国家行政编制和中央公务员主管部门确定的职位设置范围等，制定本机关专业技术类公务员职位设置方案，并确定职位的具体工作职责和任职资格条件。

第七条　中央和国家机关及其直属机构专业技术类公务员职位设置方案，报中央公务员主管部门审批；省级以下机关及其直属机构专业技术类公务员职位设置方案，由省级公务员主管部门审批后报中央公务员主管部门备案。

第三章　职务与级别

第八条　专业技术类公务员按照专业技术类公务员职务序列进行管理。

专业技术类公务员职务，分为十一个层次。通用职务名称由高至低依次为：一级总监、二级总监、一级高级主管、二级高级主管、三级高级主管、四级高级主管、一级主管、二级主管、三级主管、四级主管、专业技术员。

具体职务名称由中央公务员主管部门以通用职务名称为基础确定。

第九条　专业技术类公务员职务与级别的对应关系是：

（一）一级总监：十三级至八级；

（二）二级总监：十五级至十级；

（三）一级高级主管：十七级至十一级；

（四）二级高级主管：十八级至十二级；

（五）三级高级主管：十九级至十三级；

（六）四级高级主管：二十级至十四级；

（七）一级主管：二十一级至十五级；

（八）二级主管：二十二级至十六级；

（九）三级主管：二十三级至十七级；

（十）四级主管：二十四级至十八级；

（十一）专业技术员：二十六级至十八级。

第十条 专业技术类公务员职务职数一般应当按照专业技术类公务员职位数量的一定比例核定，具体办法由中央公务员主管部门另行规定。

第四章 职务任免与升降

第十一条 专业技术类公务员职务任免与升降工作，由各级党委（党组）及其组织（人事）部门按照干部管理权限，依照法定的条件和程序进行。

第十二条 专业技术类公务员任职，应当具备相应的专业技术任职资格，符合拟任职务所要求的其他条件，按照专业技术类公务员职务序列，在规定的职位设置范围和职数内进行。

第十三条 专业技术任职资格由高至低依次为高级、中级、初级。高级包括正高级和副高级。

任一级、二级总监和一级高级主管，应当具备正高级专业技术任职资格；任二级、三级、四级高级主管，应当具备副高级以上专业技术任职资格；任一级、二级主管，应当具备中级以上专业技术任职资格;任三级、四级主管和专业技术员,应当具备初级以上专业技术任职资格。

专业技术任职资格评定办法由中央公务员主管部门另行规定。

第十四条 专业技术类公务员晋升职务,应当具备拟任职务所要求的思想政治素质、工作能力、文化程度、专业技术任职资格、任职年限和任职经历等方面的基本条件,并在规定任职年限内的年度考核结果均为称职以上等次。

晋升专业技术类公务员职务的任职年限,由中央公务员主管部门另行规定。

第十五条 专业技术类公务员在年度考核中被确定为不称职的,按照有关规定降低一个职务层次任职。

第十六条 专业技术类公务员转任其他职位类别职务或者专业技术任职资格被取消的,应当予以免职。

第十七条 试用期满考核合格并取得相应专业技术任职资格的新录用专业技术类公务员,应当按照规定在一级主管以下职务层次范围内任职定级。

第五章 管理与监督

第十八条 一级主管以下职务层次专业技术类公务员的录用,应当采取公开考试、严格考察、平等竞争、择优录取的办法。

考试内容根据专业技术类公务员应当具备的思想政治素质、专业能力和不同职位要求设置,重点考察报考者的专业技术基础知识和运用专业技术处理实际问题的能力。

因专业特殊难以形成竞争的专业技术类公务员职位,可以采用其他测评办法录用公务员。

第十九条 根据工作需要,机关可以按照公务员聘任有关规定,对部分专业技术类公务员职位实行聘任制。

第二十条 专业技术类公务员的考核，以职位职责和所承担的专业技术工作为基本依据，全面考核德、能、勤、绩、廉，重点考核工作实绩。考核结果作为专业技术任职资格评定的重要依据。

第二十一条 专业技术类公务员应当接受初任培训、专门业务培训、在职培训，培训内容侧重工作所必需的专业技术知识和技能等。

专业技术类公务员应当按照继续教育的要求和知识更新的需要，接受专业技术培训。

第二十二条 国有企业事业单位、人民团体和群众团体中从事专业技术工作、担任副高级专业技术职务两年以上或者已担任正高级专业技术职务的人员，可以按照公务员调任有关规定调入机关，并根据认定的专业技术任职资格担任四级高级主管以上职务。

第二十三条 专业技术类公务员转任，一般在专业技术类公务员职位范围内进行。因工作需要，也可以在不同职位类别之间进行。

专业技术类公务员在专业技术类公务员职位范围内转任的，一般转任相同专业的职位。因工作需要，也可以转任到相关、相近专业的职位。

对因工作需要转任其他职位类别公务员的，一般应当在专业技术类公务员职位工作满五年，并按照干部管理权限，综合考虑其任职经历、工作经历等条件，比照确定职务层次。

其他职位类别公务员转任专业技术类公务员职务的，应当具备拟转任职务所要求的专业技术任职资格等条件。

第二十四条 专业技术类公务员实行国家统一的职务与级别相结合的工资制度，按照国家有关规定执行体现工作职责特点的津贴补贴政策。

第二十五条 国家鼓励专业技术类公务员在工作中进行发明创造，对取得显著经济效益或者社会效益的给予奖励。

作出杰出贡献的，可以纳入国务院和地方政府特殊津贴的评定范围。

符合条件的专业技术类公务员，经批准可以参加中央和地方各级重大人才工程和科研项目评选。

第二十六条 专业技术类公务员在履行职责中有弄虚作假、玩忽职守、徇私舞弊等违纪违法行为的，依照有关规定给予批评教育、组织处理或者纪律处分；构成犯罪的，依法追究刑事责任。

第二十七条 对有下列情形的，由县级以上领导机关或者公务员主管部门按照管理权限，区别不同情况，分别予以责令纠正或者宣布无效；对负有责任的领导人员和直接责任人员，根据情节轻重，给予批评教育、组织处理或者纪律处分；构成犯罪的，依法追究刑事责任：

（一）擅自扩大专业技术类公务员职位设置范围的；

（二）超职数设置专业技术类公务员职务的；

（三）随意放宽任职资格条件或者改变专业技术任职资格评定标准的；

（四）违反规定的条件和程序进行录用、调任、转任和聘任的；

（五）违反国家规定，更改专业技术类公务员工资、福利、保险待遇标准的；

（六）违反本规定的其他行为。

第六章　附　则

第二十八条 担任领导职务的专业技术类公务员，法律、法规对其选拔任用、管理监督等另有规定的，按照有关规定执行。

第二十九条　专业技术类公务员的管理，本规定未作规定的，按照公务员法及其配套法规执行。

第三十条　参照公务员法管理的机关（单位）中从事专业技术工作的工作人员，经省级以上公务员主管部门批准，参照本规定进行管理。

第三十一条　本规定由中共中央组织部、人力资源社会保障部和国家公务员局负责解释。

第三十二条　本规定自 2016 年 7 月 8 日起施行。

全国普法学习读本

★ ★ ★ ★ ★

行政管理法律法规学习读本
行政许可综合法律法规

叶浦芳　主编

加大全民普法力度，建设社会主义法治文化，树立宪法法律至上、法律面前人人平等的法治理念。

—— 中国共产党第十九次全国代表大会《决胜全面建成小康社会　夺取新时代中国特色社会主义伟大胜利》

汕头大学出版社

图书在版编目（CIP）数据

行政许可综合法律法规／叶浦芳主编. -- 汕头：
汕头大学出版社，2023.4（重印）
（行政管理法律法规学习读本）
ISBN 978-7-5658-2510-1

Ⅰ.①行… Ⅱ.①叶… Ⅲ.①行政许可法-中国-学
习参考资料 Ⅳ.①D922.112.4

中国版本图书馆 CIP 数据核字（2018）第 035184 号

行政许可综合法律法规　XINGZHENG XUKE ZONGHE FALÜ FAGUI

主　　编：叶浦芳
责任编辑：邹　峰
责任技编：黄东生
封面设计：大华文苑
出版发行：汕头大学出版社
　　　　　广东省汕头市大学路 243 号汕头大学校园内　　邮政编码：515063
电　　话：0754-82904613
印　　刷：三河市元兴印务有限公司
开　　本：690mm×960mm 1/16
印　　张：18
字　　数：226 千字
版　　次：2018 年 5 月第 1 版
印　　次：2023 年 4 月第 2 次印刷
定　　价：59.60 元（全 2 册）
ISBN 978-7-5658-2510-1

版权所有，翻版必究

如发现印装质量问题，请与承印厂联系退换

前　言

习近平总书记指出："推进全民守法，必须着力增强全民法治观念。要坚持把全民普法和守法作为依法治国的长期基础性工作，采取有力措施加强法制宣传教育。要坚持法治教育从娃娃抓起，把法治教育纳入国民教育体系和精神文明创建内容，由易到难、循序渐进不断增强青少年的规则意识。要健全公民和组织守法信用记录，完善守法诚信褒奖机制和违法失信行为惩戒机制，形成守法光荣、违法可耻的社会氛围，使遵法守法成为全体人民共同追求和自觉行动。"

中共中央、国务院曾经转发了中央宣传部、司法部关于在公民中开展法治宣传教育的规划，并发出通知，要求各地区各部门结合实际认真贯彻执行。通知指出，全民普法和守法是依法治国的长期基础性工作。深入开展法治宣传教育，是全面建成小康社会和新农村的重要保障。

普法规划指出：各地区各部门要根据实际需要，从不同群体的特点出发，因地制宜开展有特色的法治宣传教育坚持集中法治宣传教育与经常性法治宣传教育相结合，深化法律进机关、进乡村、进社区、进学校、进企业、进单位的"法律六进"主题活动，完善工作标准，建立长效机制。

特别是农业、农村和农民问题，始终是关系党和人民事业发展的全局性和根本性问题。党中央、国务院发布的《关于推进社会主义新农村建设的若干意见》中明确提出要"加强农村法制建设，深入开展农村普法教育，增强农民的法制观念，提高农民依法行使权利和履行义务的自觉性。"多年普法实践证明，普及法律知识，提高法制观念，增强全社会依法办事意识具有重要作用。特别是在广大农村进行普法教育，是提高全民法律素质的需要。

多年来，我国在农村实行的改革开放取得了极大成功，农村发生了翻天覆地的变化，广大农民生活水平大大得到了提高。但是，由于历史和社会等原因，现阶段我国一些地区农民文化素质还不高，不学法、不懂法、不守法现象虽然较原来有所改变，但仍有相当一部分群众的法制观念仍很淡化，不懂、不愿借助法律来保护自身权益，这就极易受到不法的侵害，或极易进行违法犯罪活动，严重阻碍了全面建成小康社会和新农村步伐。

为此，根据党和政府的指示精神以及普法规划，特别是根据广大农村农民的现状，在有关部门和专家的指导下，特别编辑了这套《全国普法学习读本》。主要包括了广大人民群众应知应懂、实际实用的法律法规。为了辅导学习，附录还收入了相应法律法规的条例准则、实施细则、解读解答、案例分析等；同时为了突出法律法规的实际实用特点，兼顾地方性和特殊性，附录还收入了部分某些地方性法律法规以及非法律法规的政策文件、管理制度、应用表格等内容，拓展了本书的知识范围，使法律法规更"接地气"，便于读者学习掌握和实际应用。

在众多法律法规中，我们通过甄别，淘汰了废止的，精选了最新的、权威的和全面的。但有部分法律法规有些条款不适应当下情况了，却没有颁布新的，我们又不能擅自改动，只得保留原有条款，但附录却有相应的补充修改意见或通知等。众多法律法规根据不同内容和受众特点，经过归类组合，优化配套。整套普法读本非常全面系统，具有很强的学习性、实用性和指导性，非常适合用于广大农村和城乡普法学习教育与实践指导。总之，是全国全民普法的良好读本。

目 录

中华人民共和国行政许可法

国家铁路局行政许可实施程序规定

中华人民共和国海事行政许可条件规定

中华人民共和国行政许可法

中华人民共和国主席令

第七号

《中华人民共和国行政许可法》已由中华人民共和国第十届全国人民代表大会常务委员会第四次会议于2003年8月27日通过，现予公布，自2004年7月1日起施行。

中华人民共和国主席　胡锦涛

2003年8月27日

第一章　总　则

第一条　为了规范行政许可的设定和实施，保护公民、法人和其他组织的合法权益，维护公共利益和社会秩序，保障和监督行政机关有效实施行政管理，根据宪法，制定本法。

第二条　本法所称行政许可，是指行政机关根据公民、法人或者其他组织的申请，经依法审查，准予其从事特定活动的行为。

第三条 行政许可的设定和实施，适用本法。

有关行政机关对其他机关或者对其直接管理的事业单位的人事、财务、外事等事项的审批，不适用本法。

第四条 设定和实施行政许可，应当依照法定的权限、范围、条件和程序。

第五条 设定和实施行政许可，应当遵循公开、公平、公正的原则。

有关行政许可的规定应当公布；未经公布的，不得作为实施行政许可的依据。行政许可的实施和结果，除涉及国家秘密、商业秘密或者个人隐私的外，应当公开。

符合法定条件、标准的，申请人有依法取得行政许可的平等权利，行政机关不得歧视。

第六条 实施行政许可，应当遵循便民的原则，提高办事效率，提供优质服务。

第七条 公民、法人或者其他组织对行政机关实施行政许可，享有陈述权、申辩权；有权依法申请行政复议或者提起行政诉讼；其合法权益因行政机关违法实施行政许可受到损害的，有权依法要求赔偿。

第八条 公民、法人或者其他组织依法取得的行政许可受法律保护，行政机关不得擅自改变已经生效的行政许可。

行政许可所依据的法律、法规、规章修改或者废止，或者准予行政许可所依据的客观情况发生重大变化的，为了公共利益的需要，行政机关可以依法变更或者撤回已经生效的行政许可。由此给公民、法人或者其他组织造成财产损失的，行政机关应当依法给予补偿。

第九条　依法取得的行政许可，除法律、法规规定依照法定条件和程序可以转让的外，不得转让。

第十条　县级以上人民政府应当建立健全对行政机关实施行政许可的监督制度，加强对行政机关实施行政许可的监督检查。

行政机关应当对公民、法人或者其他组织从事行政许可事项的活动实施有效监督。

第二章　行政许可的设定

第十一条　设定行政许可，应当遵循经济和社会发展规律，有利于发挥公民、法人或者其他组织的积极性、主动性，维护公共利益和社会秩序，促进经济、社会和生态环境协调发展。

第十二条　下列事项可以设定行政许可：

（一）直接涉及国家安全、公共安全、经济宏观调控、生态环境保护以及直接关系人身健康、生命财产安全等特定活动，需要按照法定条件予以批准的事项；

（二）有限自然资源开发利用、公共资源配置以及直接关系公共利益的特定行业的市场准入等，需要赋予特定权利的事项；

（三）提供公众服务并且直接关系公共利益的职业、行业，需要确定具备特殊信誉、特殊条件或者特殊技能等资格、资质的事项；

（四）直接关系公共安全、人身健康、生命财产安全的重要设备、设施、产品、物品，需要按照技术标准、技术规范，通过检验、检测、检疫等方式进行审定的事项；

（五）企业或者其他组织的设立等，需要确定主体资格的事项；

（六）法律、行政法规规定可以设定行政许可的其他事项。

第十三条　本法第十二条所列事项，通过下列方式能够予以规范的，可以不设行政许可：

（一）公民、法人或者其他组织能够自主决定的；

（二）市场竞争机制能够有效调节的；

（三）行业组织或者中介机构能够自律管理的；

（四）行政机关采用事后监督等其他行政管理方式能够解决的。

第十四条　本法第十二条所列事项，法律可以设定行政许可。尚未制定法律的，行政法规可以设定行政许可。

必要时，国务院可以采用发布决定的方式设定行政许可。实施后，除临时性行政许可事项外，国务院应当及时提请全国人民代表大会及其常务委员会制定法律，或者自行制定行政法规。

第十五条　本法第十二条所列事项，尚未制定法律、行政法规的，地方性法规可以设定行政许可；尚未制定法律、行政法规和地方性法规的，因行政管理的需要，确需立即实施行政许可的，省、自治区、直辖市人民政府规章可以设定临时性的行政许可。临时性的行政许可实施满一年需要继续实施的，应当提请本级人民代表大会及其常务委员会制定地方性法规。

地方性法规和省、自治区、直辖市人民政府规章，不得设定应当由国家统一确定的公民、法人或者其他组织的资格、资质的行政许可；不得设定企业或者其他组织的设立登记及其前置性行政许可。其设定的行政许可，不得限制其他地区的个人或者企业到本地区从事生产经营和提供服务，不得限制其他地区的商品进入本地区市场。

第十六条　行政法规可以在法律设定的行政许可事项范围内，

对实施该行政许可作出具体规定。

地方性法规可以在法律、行政法规设定的行政许可事项范围内，对实施该行政许可作出具体规定。

规章可以在上位法设定的行政许可事项范围内，对实施该行政许可作出具体规定。

法规、规章对实施上位法设定的行政许可作出的具体规定，不得增设行政许可；对行政许可条件作出的具体规定，不得增设违反上位法的其他条件。

第十七条 除本法第十四条、第十五条规定的外，其他规范性文件一律不得设定行政许可。

第十八条 设定行政许可，应当规定行政许可的实施机关、条件、程序、期限。

第十九条 起草法律草案、法规草案和省、自治区、直辖市人民政府规章草案，拟设定行政许可的，起草单位应当采取听证会、论证会等形式听取意见，并向制定机关说明设定该行政许可的必要性、对经济和社会可能产生的影响以及听取和采纳意见的情况。

第二十条 行政许可的设定机关应当定期对其设定的行政许可进行评价；对已设定的行政许可，认为通过本法第十三条所列方式能够解决的，应当对设定该行政许可的规定及时予以修改或者废止。

行政许可的实施机关可以对已设定的行政许可的实施情况及存在的必要性适时进行评价，并将意见报告该行政许可的设定机关。

公民、法人或者其他组织可以向行政许可的设定机关和实施机关就行政许可的设定和实施提出意见和建议。

第二十一条　省、自治区、直辖市人民政府对行政法规设定的有关经济事务的行政许可，根据本行政区域经济和社会发展情况，认为通过本法第十三条所列方式能够解决的，报国务院批准后，可以在本行政区域内停止实施该行政许可。

第三章　行政许可的实施机关

第二十二条　行政许可由具有行政许可权的行政机关在其法定职权范围内实施。

第二十三条　法律、法规授权的具有管理公共事务职能的组织，在法定授权范围内，以自己的名义实施行政许可。被授权的组织适用本法有关行政机关的规定。

第二十四条　行政机关在其法定职权范围内，依照法律、法规、规章的规定，可以委托其他行政机关实施行政许可。委托机关应当将受委托行政机关和受委托实施行政许可的内容予以公告。

委托行政机关对受委托行政机关实施行政许可的行为应当负责监督，并对该行为的后果承担法律责任。

受委托行政机关在委托范围内，以委托行政机关名义实施行政许可；不得再委托其他组织或者个人实施行政许可。

第二十五条　经国务院批准，省、自治区、直辖市人民政府根据精简、统一、效能的原则，可以决定一个行政机关行使有关行政机关的行政许可权。

第二十六条　行政许可需要行政机关内设的多个机构办理的，该行政机关应当确定一个机构统一受理行政许可申请，统一送达行政许可决定。

行政许可依法由地方人民政府两个以上部门分别实施的，本级人民政府可以确定一个部门受理行政许可申请并转告有关部门分别提出意见后统一办理，或者组织有关部门联合办理、集中办理。

第二十七条　行政机关实施行政许可，不得向申请人提出购买指定商品、接受有偿服务等不正当要求。

行政机关工作人员办理行政许可，不得索取或者收受申请人的财物，不得谋取其他利益。

第二十八条　对直接关系公共安全、人身健康、生命财产安全的设备、设施、产品、物品的检验、检测、检疫，除法律、行政法规规定由行政机关实施的外，应当逐步由符合法定条件的专业技术组织实施。专业技术组织及其有关人员对所实施的检验、检测、检疫结论承担法律责任。

第四章　行政许可的实施程序

第一节　申请与受理

第二十九条　公民、法人或者其他组织从事特定活动，依法需要取得行政许可的，应当向行政机关提出申请。申请书需要采用格式文本的，行政机关应当向申请人提供行政许可申请书格式文本。申请书格式文本中不得包含与申请行政许可事项没有直接关系的内容。

申请人可以委托代理人提出行政许可申请。但是，依法应当由申请人到行政机关办公场所提出行政许可申请的除外。

行政许可申请可以通过信函、电报、电传、传真、电子数据交换和电子邮件等方式提出。

第三十条　行政机关应当将法律、法规、规章规定的有关行政许可的事项、依据、条件、数量、程序、期限以及需要提交的全部材料的目录和申请书示范文本等在办公场所公示。

申请人要求行政机关对公示内容予以说明、解释的，行政机关应当说明、解释，提供准确、可靠的信息。

第三十一条 申请人申请行政许可，应当如实向行政机关提交有关材料和反映真实情况，并对其申请材料实质内容的真实性负责。行政机关不得要求申请人提交与其申请的行政许可事项无关的技术资料和其他材料。

第三十二条 行政机关对申请人提出的行政许可申请，应当根据下列情况分别作出处理：

（一）申请事项依法不需要取得行政许可的，应当即时告知申请人不受理；

（二）申请事项依法不属于本行政机关职权范围的，应当即时作出不予受理的决定，并告知申请人向有关行政机关申请；

（三）申请材料存在可以当场更正的错误的，应当允许申请人当场更正；

（四）申请材料不齐全或者不符合法定形式的，应当当场或者在五日内一次告知申请人需要补正的全部内容，逾期不告知的，自收到申请材料之日起即为受理；

（五）申请事项属于本行政机关职权范围，申请材料齐全、符合法定形式，或者申请人按照本行政机关的要求提交全部补正申请材料的，应当受理行政许可申请。

行政机关受理或者不予受理行政许可申请，应当出具加盖本行政机关专用印章和注明日期的书面凭证。

第三十三条 行政机关应当建立和完善有关制度，推行电子政务，在行政机关的网站上公布行政许可事项，方便申请人采取数据电文等方式提出行政许可申请；应当与其他行政机关共享有关行政许可信息，提高办事效率。

第二节 审查与决定

第三十四条 行政机关应当对申请人提交的申请材料进行审查。

申请人提交的申请材料齐全、符合法定形式，行政机关能够当场作出决定的，应当当场作出书面的行政许可决定。

根据法定条件和程序，需要对申请材料的实质内容进行核实的，行政机关应当指派两名以上工作人员进行核查。

第三十五条 依法应当先经下级行政机关审查后报上级行政机关决定的行政许可，下级行政机关应当在法定期限内将初步审查意见和全部申请材料直接报送上级行政机关。上级行政机关不得要求申请人重复提供申请材料。

第三十六条 行政机关对行政许可申请进行审查时，发现行政许可事项直接关系他人重大利益的，应当告知该利害关系人。申请人、利害关系人有权进行陈述和申辩。行政机关应当听取申请人、利害关系人的意见。

第三十七条 行政机关对行政许可申请进行审查后，除当场作出行政许可决定的外，应当在法定期限内按照规定程序作出行政许可决定。

第三十八条 申请人的申请符合法定条件、标准的，行政机关应当依法作出准予行政许可的书面决定。

行政机关依法作出不予行政许可的书面决定的，应当说明理由，并告知申请人享有依法申请行政复议或者提起行政诉讼的权利。

第三十九条 行政机关作出准予行政许可的决定，需要颁发行政许可证件的，应当向申请人颁发加盖本行政机关印章的下列行政许可证件：

（一）许可证、执照或者其他许可证书；

（二）资格证、资质证或者其他合格证书；

（三）行政机关的批准文件或者证明文件；

（四）法律、法规规定的其他行政许可证件。

行政机关实施检验、检测、检疫的，可以在检验、检测、检疫合格的设备、设施、产品、物品上加贴标签或者加盖检验、检测、检疫印章。

第四十条 行政机关作出的准予行政许可决定，应当予以公开，公众有权查阅。

第四十一条 法律、行政法规设定的行政许可，其适用范围没有地域限制的，申请人取得的行政许可在全国范围内有效。

第三节 期 限

第四十二条 除可以当场作出行政许可决定的外，行政机关应当自受理行政许可申请之日起二十日内作出行政许可决定。二十日内不能作出决定的，经本行政机关负责人批准，可以延长十日，并应当将延长期限的理由告知申请人。但是，法律、法规另有规定的，依照其规定。

依照本法第二十六条的规定，行政许可采取统一办理或者联合办理、集中办理的，办理的时间不得超过四十五日；四十五日内不能办结的，经本级人民政府负责人批准，可以延长十五日，并应当将延长期限的理由告知申请人。

第四十三条 依法应当先经下级行政机关审查后报上级行政

机关决定的行政许可，下级行政机关应当自其受理行政许可申请之日起二十日内审查完毕。但是，法律、法规另有规定的，依照其规定。

第四十四条 行政机关作出准予行政许可的决定，应当自作出决定之日起十日内向申请人颁发、送达行政许可证件，或者加贴标签、加盖检验、检测、检疫印章。

第四十五条 行政机关作出行政许可决定，依法需要听证、招标、拍卖、检验、检测、检疫、鉴定和专家评审的，所需时间不计算在本节规定的期限内。行政机关应当将所需时间书面告知申请人。

第四节 听 证

第四十六条 法律、法规、规章规定实施行政许可应当听证的事项，或者行政机关认为需要听证的其他涉及公共利益的重大行政许可事项，行政机关应当向社会公告，并举行听证。

第四十七条 行政许可直接涉及申请人与他人之间重大利益关系的，行政机关在作出行政许可决定前，应当告知申请人、利害关系人享有要求听证的权利；申请人、利害关系人在被告知听证权利之日起五日内提出听证申请的，行政机关应当在二十日内组织听证。

申请人、利害关系人不承担行政机关组织听证的费用。

第四十八条 听证按照下列程序进行：

（一）行政机关应当于举行听证的七日前将举行听证的时间、地点通知申请人、利害关系人，必要时予以公告；

（二）听证应当公开举行；

（三）行政机关应当指定审查该行政许可申请的工作人员以外

的人员为听证主持人，申请人、利害关系人认为主持人与该行政许可事项有直接利害关系的，有权申请回避；

（四）举行听证时，审查该行政许可申请的工作人员应当提供审查意见的证据、理由，申请人、利害关系人可以提出证据，并进行申辩和质证；

（五）听证应当制作笔录，听证笔录应当交听证参加人确认无误后签字或者盖章。

行政机关应当根据听证笔录，作出行政许可决定。

第五节　变更与延续

第四十九条　被许可人要求变更行政许可事项的，应当向作出行政许可决定的行政机关提出申请；符合法定条件、标准的，行政机关应当依法办理变更手续。

第五十条　被许可人需要延续依法取得的行政许可的有效期的，应当在该行政许可有效期届满三十日前向作出行政许可决定的行政机关提出申请。但是，法律、法规、规章另有规定的，依照其规定。

行政机关应当根据被许可人的申请，在该行政许可有效期届满前作出是否准予延续的决定；逾期未作决定的，视为准予延续。

第六节　特别规定

第五十一条　实施行政许可的程序，本节有规定的，适用本节规定；本节没有规定的，适用本章其他有关规定。

第五十二条　国务院实施行政许可的程序，适用有关法律、行政法规的规定。

第五十三条　实施本法第十二条第二项所列事项的行政许可

的，行政机关应当通过招标、拍卖等公平竞争的方式作出决定。但是，法律、行政法规另有规定的，依照其规定。

行政机关通过招标、拍卖等方式作出行政许可决定的具体程序，依照有关法律、行政法规的规定。

行政机关按照招标、拍卖程序确定中标人、买受人后，应当作出准予行政许可的决定，并依法向中标人、买受人颁发行政许可证件。

行政机关违反本条规定，不采用招标、拍卖方式，或者违反招标、拍卖程序，损害申请人合法权益的，申请人可以依法申请行政复议或者提起行政诉讼。

第五十四条 实施本法第十二条第三项所列事项的行政许可，赋予公民特定资格，依法应当举行国家考试的，行政机关根据考试成绩和其他法定条件作出行政许可决定；赋予法人或者其他组织特定的资格、资质的，行政机关根据申请人的专业人员构成、技术条件、经营业绩和管理水平等的考核结果作出行政许可决定。但是，法律、行政法规另有规定的，依照其规定。

公民特定资格的考试依法由行政机关或者行业组织实施，公开举行。行政机关或者行业组织应当事先公布资格考试的报名条件、报考办法、考试科目以及考试大纲。但是，不得组织强制性的资格考试的考前培训，不得指定教材或者其他助考材料。

第五十五条 实施本法第十二条第四项所列事项的行政许可的，应当按照技术标准、技术规范依法进行检验、检测、检疫，行政机关根据检验、检测、检疫的结果作出行政许可决定。

行政机关实施检验、检测、检疫，应当自受理申请之日起五日内指派两名以上工作人员按照技术标准、技术规范进行检验、检测、检疫。不需要对检验、检测、检疫结果作进一步技术分析即可认定设备、设施、产品、物品是否符合技术标准、技术规范的，行政机关应当当场作出行政许可决定。

行政机关根据检验、检测、检疫结果，作出不予行政许可决定的，应当书面说明不予行政许可所依据的技术标准、技术规范。

第五十六条　实施本法第十二条第五项所列事项的行政许可，申请人提交的申请材料齐全、符合法定形式的，行政机关应当当场予以登记。需要对申请材料的实质内容进行核实的，行政机关依照本法第三十四条第三款的规定办理。

第五十七条　有数量限制的行政许可，两个或者两个以上申请人的申请均符合法定条件、标准的，行政机关应当根据受理行政许可申请的先后顺序作出准予行政许可的决定。但是，法律、行政法规另有规定的，依照其规定。

第五章　行政许可的费用

第五十八条　行政机关实施行政许可和对行政许可事项进行监督检查，不得收取任何费用。但是，法律、行政法规另有规定的，依照其规定。

行政机关提供行政许可申请书格式文本，不得收费。

行政机关实施行政许可所需经费应当列入本行政机关的预算，由本级财政予以保障，按照批准的预算予以核拨。

第五十九条　行政机关实施行政许可，依照法律、行政法规收取费用的，应当按照公布的法定项目和标准收费；所收取的费用必须全部上缴国库，任何机关或者个人不得以任何形式截留、挪用、私分或者变相私分。财政部门不得以任何形式向行政机关返还或者变相返还实施行政许可所收取的费用。

第六章 监督检查

第六十条 上级行政机关应当加强对下级行政机关实施行政许可的监督检查，及时纠正行政许可实施中的违法行为。

第六十一条 行政机关应当建立健全监督制度，通过核查反映被许可人从事行政许可事项活动情况的有关材料，履行监督责任。

行政机关依法对被许可人从事行政许可事项的活动进行监督检查时，应当将监督检查的情况和处理结果予以记录，由监督检查人员签字后归档。公众有权查阅行政机关监督检查记录。

行政机关应当创造条件，实现与被许可人、其他有关行政机关的计算机档案系统互联，核查被许可人从事行政许可事项活动情况。

第六十二条 行政机关可以对被许可人生产经营的产品依法进行抽样检查、检验、检测，对其生产经营场所依法进行实地检查。检查时，行政机关可以依法查阅或者要求被许可人报送有关材料；被许可人应当如实提供有关情况和材料。

行政机关根据法律、行政法规的规定，对直接关系公共安全、人身健康、生命财产安全的重要设备、设施进行定期检验。对检验合格的，行政机关应当发给相应的证明文件。

第六十三条 行政机关实施监督检查，不得妨碍被许可人正常的生产经营活动，不得索取或者收受被许可人的财物，不得谋取其他利益。

第六十四条 被许可人在作出行政许可决定的行政机关管辖区域外违法从事行政许可事项活动的，违法行为发生地的行政机关应当依法将被许可人的违法事实、处理结果抄告作出行政许可决定的行政机关。

第六十五条　个人和组织发现违法从事行政许可事项的活动，有权向行政机关举报，行政机关应当及时核实、处理。

第六十六条　被许可人未依法履行开发利用自然资源义务或者未依法履行利用公共资源义务的，行政机关应当责令限期改正；被许可人在规定期限内不改正的，行政机关应当依照有关法律、行政法规的规定予以处理。

第六十七条　取得直接关系公共利益的特定行业的市场准入行政许可的被许可人，应当按照国家规定的服务标准、资费标准和行政机关依法规定的条件，向用户提供安全、方便、稳定和价格合理的服务，并履行普遍服务的义务；未经作出行政许可决定的行政机关批准，不得擅自停业、歇业。

被许可人不履行前款规定的义务的，行政机关应当责令限期改正，或者依法采取有效措施督促其履行义务。

第六十八条　对直接关系公共安全、人身健康、生命财产安全的重要设备、设施，行政机关应当督促设计、建造、安装和使用单位建立相应的自检制度。

行政机关在监督检查时，发现直接关系公共安全、人身健康、生命财产安全的重要设备、设施存在安全隐患的，应当责令停止建造、安装和使用，并责令设计、建造、安装和使用单位立即改正。

第六十九条　有下列情形之一的，作出行政许可决定的行政机关或者其上级行政机关，根据利害关系人的请求或者依据职权，可以撤销行政许可：

（一）行政机关工作人员滥用职权、玩忽职守作出准予行政许可决定的；

（二）超越法定职权作出准予行政许可决定的；

（三）违反法定程序作出准予行政许可决定的；

（四）对不具备申请资格或者不符合法定条件的申请人准予行政许可的；

（五）依法可以撤销行政许可的其他情形。

被许可人以欺骗、贿赂等不正当手段取得行政许可的，应当予以撤销。

依照前两款的规定撤销行政许可，可能对公共利益造成重大损害的，不予撤销。

依照本条第一款的规定撤销行政许可，被许可人的合法权益受到损害的，行政机关应当依法给予赔偿。依照本条第二款的规定撤销行政许可，被许可人基于行政许可取得的利益不受保护。

第七十条　有下列情形之一的，行政机关应当依法办理有关行政许可的注销手续：

（一）行政许可有效期届满未延续的；

（二）赋予公民特定资格的行政许可，该公民死亡或者丧失行为能力的；

（三）法人或者其他组织依法终止的；

（四）行政许可依法被撤销、撤回，或者行政许可证件依法被吊销的；

（五）因不可抗力导致行政许可事项无法实施的；

（六）法律、法规规定的应当注销行政许可的其他情形。

第七章　法律责任

第七十一条　违反本法第十七条规定设定的行政许可，有关机关应当责令设定该行政许可的机关改正，或者依法予以撤销。

第七十二条　行政机关及其工作人员违反本法的规定，有下列情形之一的，由其上级行政机关或者监察机关责令改正；情节严重的，对直接负责的主管人员和其他直接责任人员依法给予行政处分：

（一）对符合法定条件的行政许可申请不予受理的；

（二）不在办公场所公示依法应当公示的材料的；

（三）在受理、审查、决定行政许可过程中，未向申请人、利害关系人履行法定告知义务的；

（四）申请人提交的申请材料不齐全、不符合法定形式，不一次告知申请人必须补正的全部内容的；

（五）未依法说明不受理行政许可申请或者不予行政许可的理由的；

（六）依法应当举行听证而不举行听证的。

第七十三条　行政机关工作人员办理行政许可、实施监督检查，索取或者收受他人财物或者谋取其他利益，构成犯罪的，依法追究刑事责任；尚不构成犯罪的，依法给予行政处分。

第七十四条　行政机关实施行政许可，有下列情形之一的，由其上级行政机关或者监察机关责令改正，对直接负责的主管人员和其他直接责任人员依法给予行政处分；构成犯罪的，依法追究刑事责任：

（一）对不符合法定条件的申请人准予行政许可或者超越法定职权作出准予行政许可决定的；

（二）对符合法定条件的申请人不予行政许可或者不在法定期限内作出准予行政许可决定的；

（三）依法应当根据招标、拍卖结果或者考试成绩择优作出准予行政许可决定，未经招标、拍卖或者考试，或者不根据招标、拍卖结果或者考试成绩择优作出准予行政许可决定的。

第七十五条　行政机关实施行政许可，擅自收费或者不按照法定项目和标准收费的，由其上级行政机关或者监察机关责令退还非法收取的费用；对直接负责的主管人员和其他直接责任人员依法给予行政处分。

截留、挪用、私分或者变相私分实施行政许可依法收取的费用的，予以追缴；对直接负责的主管人员和其他直接责任人员依法给予行政处分；构成犯罪的，依法追究刑事责任。

第七十六条　行政机关违法实施行政许可，给当事人的合法权益造成损害的，应当依照国家赔偿法的规定给予赔偿。

第七十七条　行政机关不依法履行监督职责或者监督不力，造成严重后果的，由其上级行政机关或者监察机关责令改正，对直接负责的主管人员和其他直接责任人员依法给予行政处分；构成犯罪的，依法追究刑事责任。

第七十八条　行政许可申请人隐瞒有关情况或者提供虚假材料申请行政许可的，行政机关不予受理或者不予行政许可，并给予警告；行政许可申请属于直接关系公共安全、人身健康、生命财产安全事项的，申请人在一年内不得再次申请该行政许可。

第七十九条　被许可人以欺骗、贿赂等不正当手段取得行政许可的，行政机关应当依法给予行政处罚；取得的行政许可属于直接关系公共安全、人身健康、生命财产安全事项的，申请人在三年内不得再次申请该行政许可；构成犯罪的，依法追究刑事责任。

第八十条　被许可人有下列行为之一的，行政机关应当依法给予行政处罚；构成犯罪的，依法追究刑事责任：

（一）涂改、倒卖、出租、出借行政许可证件，或者以其他形式非法转让行政许可的；

（二）超越行政许可范围进行活动的；

（三）向负责监督检查的行政机关隐瞒有关情况、提供虚假材料或者拒绝提供反映其活动情况的真实材料的；

（四）法律、法规、规章规定的其他违法行为。

第八十一条　公民、法人或者其他组织未经行政许可，擅自从事依法应当取得行政许可的活动的，行政机关应当依法采取措施予以制止，并依法给予行政处罚；构成犯罪的，依法追究刑事责任。

第八章　附　则

第八十二条　本法规定的行政机关实施行政许可的期限以工作日计算，不含法定节假日。

第八十三条　本法自 2004 年 7 月 1 日起施行。

本法施行前有关行政许可的规定，制定机关应当依照本法规定予以清理；不符合本法规定的，自本法施行之日起停止执行。

附　录

食品相关产品新品种行政许可管理规定

卫生部关于印发

《食品相关产品新品种行政许可管理规定》的通知

卫监督发〔2011〕25 号

各省、自治区、直辖市卫生厅局，新疆生产建设兵团卫
生局，中国疾病预防控制中心、卫生部卫生监督中心：

为贯彻《食品安全法》及其实施条例，规范食品相
关产品新品种行政许可工作，我部组织制定了《食品相
关产品新品种行政许可管理规定》。现印发给你们，请遵
照执行，并将执行中的有关问题及时反馈我部。

二〇一一年三月二十四日

第一条　为规范食品相关产品新品种的安全性评估和许可工
作，根据《食品安全法》及其实施条例的规定，制定本规定。

第二条　本规定所称食品相关产品新品种，是指用于食品包
装材料、容器、洗涤剂、消毒剂和用于食品生产经营的工具、设
备的新材料、新原料或新添加剂，具体包括：

（一）尚未列入食品安全国家标准或者卫生部公告允许使用的食品包装材料、容器及其添加剂；

（二）扩大使用范围或者使用量的食品包装材料、容器及其添加剂；

（三）尚未列入食品用消毒剂、洗涤剂原料名单的新原料；

（四）食品生产经营用工具、设备中直接接触食品的新材料、新添加剂。

第三条 食品相关产品应当符合下列要求：

（一）用途明确，具有技术必要性；

（二）在正常合理使用情况下不对人体健康产生危害；

（三）不造成食品成分、结构或色香味等性质的改变；

（四）在达到预期效果时尽可能降低使用量。

第四条 卫生部负责食品相关产品新品种许可工作，制订安全性评估技术规范，并指定卫生部卫生监督中心作为食品相关产品新品种技术审评机构（以下简称审评机构），负责食品相关产品新品种的申报受理、组织安全性评估、技术审核和报批等工作。

第五条 申请食品相关产品新品种许可的单位或个人（以下简称申请人），应当向审评机构提出申请，并提交下列材料：

（一）申请表；

（二）理化特性；

（三）技术必要性、用途及使用条件；

（四）生产工艺；

（五）质量规格要求、检验方法及检验报告；

（六）毒理学安全性评估资料；

（七）迁移量和/或残留量、估计膳食暴露量及其评估方法；

（八）国内外允许使用情况的资料或证明文件；

（九）其他有助于评估的资料。

申请食品用消毒剂、洗涤剂新原料的，可以免于提交第七项资料。

申请食品包装材料、容器、工具、设备用新添加剂的，还应当提交使用范围、使用量等资料。

申请食品包装材料、容器、工具、设备用添加剂扩大使用范围或使用量的，应当提交第一项、第三项、第六项、第七项及使用范围、使用量等资料。

第六条 申请首次进口食品相关产品新品种的，除提交第五条规定的材料外，还应当提交以下材料：

（一）出口国（地区）相关部门或者机构出具的允许该产品在本国（地区）生产或者销售的证明材料；

（二）生产企业所在国（地区）有关机构或者组织出具的对生产企业审查或者认证的证明材料；

（三）受委托申请人应当提交委托申报的委托书；

（四）中文译文应当有中国公证机关的公证。

第七条 申请人应当如实提交有关材料，反映真实情况，并对申请材料的真实性负责，承担法律后果。

第八条 申请人应当在其提交的资料中注明不涉及商业秘密，可以向社会公开的内容。

第九条 审评机构应当在受理后 60 日内组织医学、食品、化工、材料等方面的专家，对食品相关产品新品种的安全性进行技术评审，并作出技术评审结论。对技术评审过程中需要补充资料的，审评机构应当及时书面一次性告知申请人，申请人应当按照要求及时补充有关资料。

根据技术评审需要，审评机构可以要求申请人现场解答有关技术问题，申请人应当予以配合。必要时，可以组织专家对食品相关产品新品种研制及生产现场进行核实、评价。

需要对相关资料和检验结果进行验证试验的，审评机构应当将检验项目、检验批次、检验方法等要求告知申请人。验证试验应当在取得资质认定的检验机构进行。对尚无食品安全国家标准检验方法的，应当首先对检验方法进行验证。

第十条 食品相关产品新品种行政许可的具体程序按照《行政许可法》、《卫生行政许可管理办法》等有关规定执行。

第十一条 审评机构应当在评审过程中向社会公开征求意见。

根据技术评审结论，卫生部对符合食品安全要求的食品相关产品新品种准予许可并予以公告。对不符合要求的，不予许可并书面说明理由。符合卫生部公告要求的食品相关产品（包括进口食品相关产品），不需再次申请许可。

第十二条 卫生部根据食品相关产品安全性评估结果，按照食品安全国家标准管理的有关规定制订公布相应食品安全国家标准。

相应的食品安全国家标准公布后，原公告自动废止。

第十三条 有下列情况之一的，卫生部应当及时组织专家对已批准的食品相关产品进行重新评估：

（一）随着科学技术的发展，对食品相关产品的安全性产生质疑的；

（二）有证据表明食品相关产品的安全性可能存在问题的。

经重新评价认为不符合食品安全要求的，卫生部可以公告撤销已批准的食品相关产品品种或者修订其使用范围和用量。

第十四条 使用《可用于食品的消毒剂原料（成份）名单》

中所列原料生产消毒剂的，应当执行《传染病防治法》、《消毒管理办法》及卫生部有关规定。

第十五条 审评机构对食品相关产品新品种审批资料实行档案管理，建立食品相关产品新品种审批数据库，并按照有关规定提供检索和咨询服务。

第十六条 本规定由卫生部负责解释，自 2011 年 6 月 1 日起施行。

安全生产许可证条例

中华人民共和国国务院令
第 653 号

《国务院关于修改部分行政法规的决定》已经 2014 年 7 月 29 日国务院第 54 次常务会议通过，现予公布，自公布之日起施行。

总理 李克强
2014 年 7 月 29 日

（2004 年 1 月 7 日国务院第 34 次常务会议通过；根据 2013 年 7 月 18 日中华人民共和国国务院令第 638 号公布的《国务院关于废止和修改部分行政法规的决定》第一次修正；根据 2014 年 7 月 29 日中华人民共和国国务院令第 653 号公布的《国务院关于修改部分行政法规的决定》第二次修正）

第一条 为了严格规范安全生产条件，进一步加强安全生产监督管理，防止和减少生产安全事故，根据《中华人民共和国安全生产法》的有关规定，制定本条例。

第二条 国家对矿山企业、建筑施工企业和危险化学品、烟花爆竹、民用爆炸物品生产企业（以下统称企业）实行安全生产许可制度。

企业未取得安全生产许可证的，不得从事生产活动。

第三条 国务院安全生产监督管理部门负责中央管理的非煤矿矿山企业和危险化学品、烟花爆竹生产企业安全生产许可证的颁发和管理。

省、自治区、直辖市人民政府安全生产监督管理部门负责前款规定以外的非煤矿矿山企业和危险化学品、烟花爆竹生产企业安全生产许可证的颁发和管理，并接受国务院安全生产监督管理部门的指导和监督。

国家煤矿安全监察机构负责中央管理的煤矿企业安全生产许可证的颁发和管理。

在省、自治区、直辖市设立的煤矿安全监察机构负责前款规定以外的其他煤矿企业安全生产许可证的颁发和管理，并接受国家煤矿安全监察机构的指导和监督。

第四条 省、自治区、直辖市人民政府建设主管部门负责建筑施工企业安全生产许可证的颁发和管理，并接受国务院建设主管部门的指导和监督。

第五条 省、自治区、直辖市人民政府民用爆炸物品行业主管部门负责民用爆炸物品生产企业安全生产许可证的颁发和管理，并接受国务院民用爆炸物品行业主管部门的指导和监督。

第六条 企业取得安全生产许可证，应当具备下列安全生产条件：

（一）建立、健全安全生产责任制，制定完备的安全生产规章制度和操作规程；

（二）安全投入符合安全生产要求；

（三）设置安全生产管理机构，配备专职安全生产管理人员；

（四）主要负责人和安全生产管理人员经考核合格；

（五）特种作业人员经有关业务主管部门考核合格，取得特种作业操作资格证书；

（六）从业人员经安全生产教育和培训合格；

（七）依法参加工伤保险，为从业人员缴纳保险费；

（八）厂房、作业场所和安全设施、设备、工艺符合有关安全生产法律、法规、标准和规程的要求；

（九）有职业危害防治措施，并为从业人员配备符合国家标准或者行业标准的劳动防护用品；

（十）依法进行安全评价；

（十一）有重大危险源检测、评估、监控措施和应急预案；

（十二）有生产安全事故应急救援预案、应急救援组织或者应急救援人员，配备必要的应急救援器材、设备；

（十三）法律、法规规定的其他条件。

第七条 企业进行生产前，应当依照本条例的规定向安全生产许可证颁发管理机关申请领取安全生产许可证，并提供本条例第六条规定的相关文件、资料。安全生产许可证颁发管理机关应当自收到申请之日起 45 日内审查完毕，经审查符合本条例规定的安全生产条件的，颁发安全生产许可证；不符合本条例规定的安全生产条件的，不予颁发安全生产许可证，书面通知企业并说明理由。

煤矿企业应当以矿（井）为单位，依照本条例的规定取得安全生产许可证。

第八条 安全生产许可证由国务院安全生产监督管理部门规定统一的式样。

第九条 安全生产许可证的有效期为 3 年。安全生产许可证有效期满需要延期的，企业应当于期满前 3 个月向原安全生产许可证颁发管理机关办理延期手续。

企业在安全生产许可证有效期内，严格遵守有关安全生产的法律法规，未发生死亡事故的，安全生产许可证有效期届满时，经原安全生产许可证颁发管理机关同意，不再审查，安全生产许可证有效期延期3年。

第十条 安全生产许可证颁发管理机关应当建立、健全安全生产许可证档案管理制度，并定期向社会公布企业取得安全生产许可证的情况。

第十一条 煤矿企业安全生产许可证颁发管理机关、建筑施工企业安全生产许可证颁发管理机关、民用爆炸物品生产企业安全生产许可证颁发管理机关，应当每年向同级安全生产监督管理部门通报其安全生产许可证颁发和管理情况。

第十二条 国务院安全生产监督管理部门和省、自治区、直辖市人民政府安全生产监督管理部门对建筑施工企业、民用爆炸物品生产企业、煤矿企业取得安全生产许可证的情况进行监督。

第十三条 企业不得转让、冒用安全生产许可证或者使用伪造的安全生产许可证。

第十四条 企业取得安全生产许可证后，不得降低安全生产条件，并应当加强日常安全生产管理，接受安全生产许可证颁发管理机关的监督检查。

安全生产许可证颁发管理机关应当加强对取得安全生产许可证的企业的监督检查，发现其不再具备本条例规定的安全生产条件的，应当暂扣或者吊销安全生产许可证。

第十五条 安全生产许可证颁发管理机关工作人员在安全生产许可证颁发、管理和监督检查工作中，不得索取或者接受企业的财物，不得谋取其他利益。

第十六条 监察机关依照《中华人民共和国行政监察法》的规定，对安全生产许可证颁发管理机关及其工作人员履行本条例规定的职责实施监察。

第十七条 任何单位或者个人对违反本条例规定的行为，有权向安全生产许可证颁发管理机关或者监察机关等有关部门举报。

第十八条 安全生产许可证颁发管理机关工作人员有下列行为之一的，给予降级或者撤职的行政处分；构成犯罪的，依法追究刑事责任：

（一）向不符合本条例规定的安全生产条件的企业颁发安全生产许可证的；

（二）发现企业未依法取得安全生产许可证擅自从事生产活动，不依法处理的；

（三）发现取得安全生产许可证的企业不再具备本条例规定的安全生产条件，不依法处理的；

（四）接到对违反本条例规定行为的举报后，不及时处理的；

（五）在安全生产许可证颁发、管理和监督检查工作中，索取或者接受企业的财物，或者谋取其他利益的。

第十九条 违反本条例规定，未取得安全生产许可证擅自进行生产的，责令停止生产，没收违法所得，并处 10 万元以上 50 万元以下的罚款；造成重大事故或者其他严重后果，构成犯罪的，依法追究刑事责任。

第二十条 违反本条例规定，安全生产许可证有效期满未办理延期手续，继续进行生产的，责令停止生产，限期补办延期手续，没收违法所得，并处 5 万元以上 10 万元以下的罚款；逾期仍不办理延期手续，继续进行生产的，依照本条例第十九条的规定处罚。

第二十一条　违反本条例规定，转让安全生产许可证的，没收违法所得，处 10 万元以上 50 万元以下的罚款，并吊销其安全生产许可证；构成犯罪的，依法追究刑事责任；接受转让的，依照本条例第十九条的规定处罚。

冒用安全生产许可证或者使用伪造的安全生产许可证的，依照本条例第十九条的规定处罚。

第二十二条　本条例施行前已经进行生产的企业，应当自本条例施行之日起 1 年内，依照本条例的规定向安全生产许可证颁发管理机关申请办理安全生产许可证；逾期不办理安全生产许可证，或者经审查不符合本条例规定的安全生产条件，未取得安全生产许可证，继续进行生产的，依照本条例第十九条的规定处罚。

第二十三条　本条例规定的行政处罚，由安全生产许可证颁发管理机关决定。

第二十四条　本条例自公布之日起施行。

国家铁路局行政许可实施程序规定

国家铁路局

关于印发《国家铁路局行政许可实施程序规定》的通知

国铁科法〔2016〕30号

局属各单位，机关各部门：

现将《国家铁路局行政许可实施程序规定》印发给你们，请遵照执行。

国家铁路局

2016年7月26日

第一章 总 则

第一条 为规范铁路行政许可工作，推进职能转变、简政放权，做到依法行政、便民高效，依据《中华人民共和国行政许可法》等法律、行政法规和国家关于规范和改进行政审批工作的有关文件规定，制定本规定。

第二条　本规定适用于由法律、行政法规或国务院决定设定，由国家铁路局实施的行政许可。

第三条　行政许可工作应当遵循合法、公开、公平、公正、便民、高效等原则。

第四条　国家铁路局实行"一个窗口对外"的许可工作机制，由科技与法制司（以下称受理部门）负责受理行政许可申请，送达行政许可决定。相关业务部门（以下称审查部门）按照职责分工，负责审查行政许可申请，拟订行政许可决定。

第五条　国家铁路局应当对承担的许可事项编制和提供操作性强的服务指南，将实施的行政许可事项、依据、条件、程序、期限、需要提交的申请材料目录、所作出的行政许可决定以及许可申请书等格式文本，在国家铁路局政府网站等场所公开。

第二章　申请与受理

第六条　公民、法人或者其他组织向国家铁路局申请行政许可，应当提交书面申请，并按照申请的许可事项有关规定，提交真实完整的申请材料。

申请书及相关申请材料的格式文本可从国家铁路局政府网站下载。

第七条　国家铁路局积极推进网上办理行政许可，提供网上预受理和预审查、在线咨询、在线评价等服务。申请人可以通过国家铁路局网上行政许可办理平台办理预约申请。办理预约申请的，应当在网上提供能够证明申请人身份的真实信息和完整的申请材料。

第八条　受理部门对申请人提交的申请材料，应当根据下列情况分别作出处理：

（一）申请事项依法不需要取得行政许可的，应当告知申请人不受理；

（二）申请事项依法不属于国家铁路局职权范围的，应当作出不予受理的决定，并告知申请人向有关行政机关申请；

（三）申请材料存在可以当场更正的错误的，应当允许申请人当场更正；

（四）申请材料不齐全或者不符合法定形式的，应当当场或者在5日内一次告知申请人需要补正的全部内容，逾期不告知的，自收到申请材料之日起即为受理；

（五）申请事项属于国家铁路局职权范围，申请材料齐全、符合法定形式，或者申请人按要求提交全部补正申请材料的，应当受理行政许可申请。

受理或者不予受理行政许可申请，应当出具加盖国家铁路局行政许可专用章和注明日期的受理或不予受理通知书。

第九条 行政许可申请受理后至行政许可决定作出前，申请人要求撤回行政许可申请的，可以撤回。受理部门收到申请人提交的书面撤回申请和受理凭证后，将行政许可申请材料退还申请人，行政许可办理程序终止。

第三章　审查与决定

第十条 受理部门应当及时将受理的行政许可申请材料转送审查部门审查。需要对申请材料的内容进行现场核实的，审查部门应当指派至少2名工作人员进行核查。必要时可依法组织听证、检验、检测、鉴定及专家评审。

第十一条　实施行政许可需要聘请专家评审的，应当组建专家评审组。所选专家应当具备审查事项相关领域的专业技术知识和从业经历，具有高级以上技术职称或同等专业技术水平，且与申请人无利害关系。

第十二条　审查部门对行政许可申请进行审查时，发现行政许可事项直接关系他人重大利益的，应当告知该利害关系人。申请人、利害关系人有权进行陈述和申辩。审查部门应当听取申请人、利害关系人的意见。

第十三条　审查部门应当在规定的办理期限内依法提出准予或不予行政许可的审查意见，拟订行政许可书面决定及行政许可证件记载内容，送至受理部门。受理部门进行合法性审核，履行批准程序后，将加盖国家铁路局行政许可专用章的行政许可书面决定送达申请人。

第十四条　行政许可书面决定应当包括以下主要内容：

（一）申请人；

（二）申请事项；

（三）审查结论；

（四）依据和理由；

（五）许可期限；

（六）作出许可决定的日期；

（七）作出不予行政许可决定的，应当告知申请人享有依法申请行政复议或者提起行政诉讼的权利。

（八）其他应当依法说明的内容。

第十五条　国家铁路局应当自受理行政许可申请之日起20日内作出行政许可决定。20日内不能作出决定的，经国家铁路局负责人批准，可以延长10日，但应当将延长期限的理由书面告知申请人。法律、法规另有规定的，依照其规定。

听证、检验、检测、鉴定及专家评审的时间不计算在上述期限内，但应当将所需时间书面告知申请人。

对于政府鼓励的事项，可建立"绿色通道"或探索"告知+承诺"办理模式，精简办事程序，缩短办理时限。

第十六条 国家铁路局作出准予行政许可决定，需要颁发行政许可证件的，由受理部门自作出许可决定之日起10日内向申请人颁发加盖国家铁路局行政许可专用章的行政许可证件。

第十七条 依法向国家铁路局申请变更、延续、撤销、注销已取得的行政许可或补办行政许可证件的，比照上述程序办理。

被许可人或利害关系人依法书面要求撤销、注销行政许可决定的，应当提交申请书、营业执照或身份证复印件、申请事由说明及相关证明材料。

第十八条 实施铁路机车车辆驾驶人员资格许可，应当根据申请人考试成绩和其他法定条件作出行政许可决定。具体程序执行《铁路机车车辆驾驶人员资格许可办法》（交通运输部令2013年第14号）及《铁路机车车辆驾驶人员资格许可实施细则》（国铁设备监〔2014〕18号）等有关规定。

第四章　监督与管理

第十九条 国家铁路局应当建立健全监督检查制度，制定监督检查计划，依法组织开展许可监督检查。被许可人应当配合监督检查并如实提供有关情况和材料。

第二十条 国家铁路局实施行政许可和对行政许可事项组织

开展监督检查，不得收取费用。法律、行政法规另有规定的，依照其规定。

第二十一条 行政许可相关职能部门及其工作人员应当自觉遵守国家有关法律法规及相关工作制度、规定，严守工作纪律，依法履行职责，不得有下列行为：

（一）违反法定程序、期限，受理、审查、作出及送达行政许可决定；

（二）对不符合法定条件的申请予以受理、准予许可，或对符合法定条件的申请不予受理、不予许可；

（三）接受申请人的明示或暗示，对相关检验、检测、鉴定及专家评审等工作及其结果实施不正当干预；

（四）在监督检查中干预、妨碍被许可人正常的生产经营活动，或者发现被许可人的违法活动不依法作出处理；

（五）利用职权和职务上的影响谋取不正当利益；

（六）其他违反法定程序、超越法定职权、滥用职权实施行政许可的行为。

第二十二条 国家铁路局机关监督部门加强对行政许可相关职能部门及其工作人员履职情况的监督检查。对有违规违法情形的，责令相关部门改正；情节严重的，依法追究直接负责的主管人员和其他直接责任人员的责任。

第二十三条 公民、法人或者其他组织发现违法从事铁路行政许可活动，或者发现国家铁路局相关职能部门及其工作人员在实施行政许可过程中有违法违规行为的，有权向国家铁路局投诉举报。认为铁路行政许可相关职能部门及其工作人员的具体行政行为侵犯其合法权益的，有权依法向国家铁路局提出行政复议申请或者直接向人民法院提起行政诉讼。

国家铁路局建立网上投诉举报受理系统，公布投诉举报电话、邮箱，依法组织调查核实处理，查处违法违规行为。

第五章 附 则

第二十四条 本规定所定期限以工作日计算，不含法定节假日。

第二十五条 本规定自发布之日起施行。原《国家铁路局行政许可实施程序规定》（国铁科法〔2014〕49号）同时废止。

中华人民共和国海事行政
许可条件规定

中华人民共和国交通运输部令

2017 年第 19 号

《交通运输部关于修改〈中华人民共和国海事行政许可条件规定〉的决定》已于 2017 年 5 月 17 日经第 8 次部务会议通过，现予公布。

交通运输部部长

2017 年 5 月 23 日

（2015 年 5 月 29 日交通运输部发布；根据 2016 年 9 月 2 日交通运输部《关于修改〈中华人民共和国海事行政许可条件规定〉的决定》第一次修正；根据 2017 年 5 月 23 日交通运输部《关于修改〈中华人民共和国海事行政许可条件规定〉的决定》第二次修正）

第一章 总 则

第一条 为依法实施海事行政许可，维护海事行政许可各方当事人的合法权益，根据《中华人民共和国行政许可法》和有关海事管理的法律、行政法规以及中华人民共和国缔结或者加入的有关国际海事公约，制定本规定。

第二条 申请及受理、审查、决定海事行政许可所依照的海事行政许可条件，应当遵守本规定。

本规定所称海事行政许可，是指依据有关水上交通安全、防治船舶污染水域等海事管理的法律、行政法规、国务院决定设定的，由海事管理机构实施，或者由交通运输部实施、海事管理机构具体办理的行政许可。

第三条 海事管理机构在审查、决定海事行政许可时，不得擅自增加、减少或者变更海事行政许可条件。不符合本规定相应条件的，不得做出准予的海事行政许可决定。

第四条 海事行政许可条件应当按照《交通行政许可实施程序规定》予以公示。申请人要求对海事行政许可条件予以说明的，海事管理机构应当予以说明。

第五条 国家海事管理机构应当根据海事行政许可条件，统一明确申请人应当提交的材料。有关海事管理机构应当将材料目录予以公示。

申请人申请海事行政许可时，应当按照规定提交申请书和相关的材料，并对所提交材料的真实性和有效性负责。

申请变更海事行政许可、延续海事行政许可期限的，申请人可以仅就发生变更的事项或者情况提交相关的材料；已提交过的材料情况未发生变化的可以不再提交。

第二章 海事行政许可条件

第六条 通航水域岸线安全使用许可的条件：

（一）涉及使用岸线的工程、作业、活动已完成可行性研究；

（二）已经岸线安全使用的技术评估，符合水上交通安全的技术规范和要求；

（三）对影响水上交通安全的因素，已制定足以消除影响的措施。

第七条 通航水域水上水下活动许可的条件：

（一）水上水下活动已依法办理了其他相关手续；

（二）水上水下活动的单位、人员、船舶、设施符合安全航行、停泊和作业的要求；

（三）已制定水上水下活动的方案，包括起止时间、地点和范围、进度安排等；

（四）对安全和防污染有重大影响的，已通过通航安全评估；

（五）已建立安全、防污染的责任制，并已制定符合水上交通安全和防污染要求的保障措施和应急预案。

第八条 打捞或者拆除沿海水域内沉船沉物审批的条件：

（一）参与打捞或者拆除的单位、人员具备相应能力；

（二）已依法签订沉船沉物打捞或者拆除协议；

（三）从事打捞或者拆除作业的船舶、设施符合安全航行、停泊和作业的要求；

（四）已制定打捞或者拆除作业计划和方案，包括起止时间、地点和范围、进度安排等；

（五）对安全和防污染有重大影响的，已通过通航安全评估；

（六）已建立安全和防污染责任制，并已制定符合水上交通安全和防污染要求的措施和应急预案。

第九条 沿海水域划定禁航区和安全作业区审批的条件：

（一）就划定水域的需求，有明确的事实和必要的理由；

（二）符合附近军用或者重要民用目标的保护要求；

（三）对水上交通安全和防污染有重大影响的，已通过通航安全和环境影响技术评估；

（四）用于设置航路和锚地的水域已进行勘测或者测量，水域的底质、水文、气象等要素满足通航安全的要求；

（五）符合水上交通安全与防污染要求，并已制定安全、防污染措施。

第十条 船舶进入或者穿越禁航区许可的条件：

（一）有因人命安全、防污染、保安等特殊需要进入和穿越禁航区的明确事实和必要理由；

（二）禁航区的安全和防污染条件适合船舶进入或者穿越；

（三）船舶满足禁航区水上交通安全和防污染的特殊要求，并已制定保障安全、防治污染和保护禁航区的措施和应急预案；

（四）进入或者穿越军事禁航区的，已经军事主管部门同意。

第十一条 大型设施、移动式平台、超限物体水上拖带审批的条件：

（一）确有拖带的需求和必要的理由；

（二）拖轮适航、适拖，船员适任；

（三）海上拖带已经拖航检验，在内河拖带超限物体的，已通过安全技术评估；

（四）已制定拖带计划和方案，有明确的拖带预计起止时间和地点及航经的水域；

（五）满足水上交通安全和防污染要求，并已制定保障水上交通安全、防污染的措施以及应急预案。

第十二条 外国籍船舶或飞机入境从事海上搜救审批的条件：

（一）入境是出于海上人命搜寻救助的目的；

（二）有明确的搜救计划、方案，包括时间、地点、范围以及投入搜救的船舶与飞机的基本情况；

（三）派遣的搜救飞机和船舶如为军用的，已经军事主管部门批准。

第十三条 专用航标的设置、撤除、位移和其他状况改变审批的条件：

（一）拟设置、撤除、位移和其他状况改变的航标属于依法由公民、法人或者其他组织自行设置且属于海事管理机构管理职责范围内的专用航标；

（二）航标的设置、撤除、位移和其他状况改变符合航行安全、经济、便利等要求及航标正常使用的要求；

（三）航标及其配布符合国家有关技术规范和标准；

（四）航标设计、施工方案，已经专门的技术评估或者专家论证；

（五）申请设置航标的，已制定航标维护方案，方案中确定的维护单位已建立航标维护质量保证体系。

第十四条 外国籍船舶进入或者临时进入非对外开放水域许可的条件：

（一）外国籍船舶临时进入非对外开放水域已经当地口岸检查机关、军事主管部门、地方人民政府同意；

（二）拟临时对外开放水域适合外国籍船舶进入，具备船舶航行、停泊、作业的安全、防污染和保安条件；

（三）船舶状况满足拟进入水域的水上交通安全、防污染和保安要求；

（四）船舶已制定保障水上交通安全、防污染和保安的措施以及应急预案。

第十五条 国际航行船舶进出口岸审批的条件：

国际航行船舶进口岸审批的条件：

（一）船舶具有齐备、有效的证书、文书与资料；

（二）船舶配员符合最低安全配员的要求，船员具备适任资格；

（三）船舶状况符合航行、停泊、作业的安全、防污染和保安等要求，并已制定各项安全、防污染和保安措施与应急预案。需要护航的，已经向海事管理机构申请；

（四）船舶拟进入、通过的水域为对国际航行船舶开放水域，停靠的码头、泊位、港外装卸点满足安全、防污染和保安要求；

（五）载运货物的船舶，符合安全积载和系固的要求，并且没有国家禁止入境的货物或者物品；载运危险货物的船舶按规定已办理船舶载运危险货物申报手续；

（六）核动力船舶或者其他特定的船舶，符合我国法律、行政法规、规章的相关规定。

国际航行船舶出口岸审批的条件：

（一）船舶具有齐备、有效的证书、文书与资料；

（二）船舶配员符合最低安全配员的要求，船员具备适任资格；

（三）船舶状况符合航行、停泊、作业的安全、防污染和保安等要求，并已制定各项安全、防污染和保安措施与应急预案。需要护航的，已经向海事管理机构申请；

（四）载运危险货物的船舶，已办妥适装许可，载运情况符合船舶载运危险货物的安全、防污染和保安管理要求；

（五）船舶船旗国或者港口国对船舶的安全检查情况和缺陷纠正情况符合规定的要求，对海事管理机构的警示，已经采取有效的措施；

（六）已依法缴纳税、费和其他应当在开航前交付的费用，或者已提供适当的担保；

（七）违反海事行政管理的行为已经依法予以处理；

（八）禁止船舶航行的司法或者行政强制措施已经依法解除；

（九）核动力船舶或者其他特定的船舶，符合我国法律、行政法规、规章的相关规定；

（十）已经其他口岸检查机关同意。

第十六条 船舶国籍证书核发的条件：

船舶国籍证书签发的条件：

（一）船舶已依法办理船舶所有权登记；

（二）船舶具备适航技术条件，并经船舶检验机构检验合格；

（三）船舶不具有造成双重国籍或者两个及以上船籍港的情形；

（四）船舶国籍的登记人为船舶所有人、经营人。

船舶临时国籍证书签发的条件：

（一）申请签发临时国籍证书的船舶属于下列情形之一：

1. 向境外出售的船舶，或者由境外公民、法人、其他组织在中华人民共和国境内订造的新船，属于境外到岸交船的；

2. 中华人民共和国公民、法人、政府或其他组织从境外购买或者订造的船舶，属于境外离岸交船的；

3. 中华人民共和国公民、法人、政府或者其他组织以光船条件租赁的境外登记的船舶；

4. 需要办理临时国籍登记的境内新造船舶；

5. 境内新造船舶试航的。

（二）已取得船舶所有权或者签订了生效的光船租赁合同；

（三）船舶国籍的登记人为船舶所有人或者以光船租赁形式经营境外登记船舶的承租人；

（四）船舶具备相应的适航技术条件，并经船舶检验机构检验合格；

（五）船舶不具有造成双重国籍或者两个及以上船籍港的情形；

（六）船舶已取得经海事管理机构核定的船名和船舶识别号。

第十七条 国际船舶保安证书核发的条件：

船舶保安计划批准的条件：

（一）船舶已通过船舶保安评估；

（二）船舶保安计划由船公司或者规定的保安组织编制；

（三）船舶保安计划符合相应的编制规范和船舶的保安要求；

（四）已对船舶保安评估发现的缺陷予以纠正或者作出妥善的安排。

国际船舶保安证书的条件：

（一）船舶具备有效的船舶国籍证书和《连续概要记录》；

（二）船舶按照规定标注了永久识别号，并按规定配备了满足《1974年国际海上人命安全公约》要求的船舶保安报警系统；

（三）船舶按照规定配备了合格的船舶保安员；

（四）船舶具有经批准的《船舶保安计划》；

（五）船舶已通过保安核验。

临时国际船舶保安证书的条件：

（一）符合下列情形之一：

1. 船舶在交船时或者在投入营运、重新投入营运之前，尚未取得《国际船舶保安证书》；

2. 船舶的国籍从非中国籍变更为中国籍；

3. 船舶由以前未经营过这类船舶的公民、法人或者其他组织承担了经营责任。

（二）船舶已通过船舶保安评估；

（三）船上配有符合要求且已提交审核、报批并已付诸实施的《船舶保安计划》副本；

（四）船舶按照规定标注了永久识别号，并按规定配备了满足《1974 年国际海上人命安全公约》要求的船舶保安报警系统；

（五）公司保安员对船舶保安核验工作已作计划与安排，并承诺船舶将在 6 个月内通过保安核验；

（六）船舶已配备符合保安要求的船舶保安员；

（七）船长、船舶保安员和承担具体保安职责的其他船舶人员熟悉保安职责和责任，熟悉《船舶保安计划》的有关规定。

第十八条 船舶油污损害民事责任保险或其他财务保证证书核发的条件：

（一）船舶为海事管理机构登记的本船籍港船舶；

（二）其所持的油污保险或其他财务保证证书，为具有相应赔偿能力的金融机构或者互助性保险机构办理；

（三）其保险金额不得低于《中华人民共和国船舶油污损害民事责任保险实施办法》的规定。

第十九条 载运危险货物和污染危害性货物进出港口审批的条件：

（一）船舶具有齐备、有效的证书、文书与资料；

（二）申报的危险货物、污染危害性货物符合船舶的适装要求，且不属于国家规定禁止通过水路运输的货物；

（三）船舶的设施、装备满足载运危险货物、污染危害性货物的要求，船舶的装载符合载运危险货物和污染危害性货物安全、防污染和保安的管理规定和技术规范；

（四）拟进行危险货物和污染危害性货物装卸作业的港口、码头、泊位，具备危险货物和污染危害性货物作业的法定资质，符合危险货物和污染危害性货物作业的安全和防污染要求；

（五）需要办理货物进出口手续的已按有关规定办理；船舶载运的污染危害性货物同时属于危险货物的，其货物所有人、承运人或者代理人可将污染危害性货物申报和危险货物申报合并办理。

对于过境停留的污染危害性货物，免予办理货物适运申报。

第二十条 船舶进行散装液体危险货物水上过驳作业审批的条件：

（一）拟进行过驳作业的船舶或者浮动设施满足水上交通安全与防污染的要求；

（二）拟作业的货物适合过驳；

（三）参加过驳的人员具备从事过驳作业的能力；

（四）作业水域及其底质和周边环境适宜过驳作业的正常进行；

（五）过驳作业对水域环境、资源以及附近的军事目标、重要民用目标不构成威胁；

（六）已制定过驳作业方案、保障措施和应急预案，并符合水上交通安全与防污染的要求。

第二十一条 危险化学品水路运输人员资格注册认可的条件：

申报人员资格注册认可的条件：

（一）具有中华人民共和国国籍；

（二）年满 18 周岁，具有完全民事行为能力；

（三）已接受过能够满足《国际海运危险货物运输规则》第 1.3 章要求的培训，并通过危险货物申报人员资格考试，持有有效的合格证明；

（四）已与具有船舶代理、货运代理资格的申报单位签订合法有效的劳动合同关系。首次申请危险货物申报人员资格注册的，应当经过在同一个危险货物申报单位连续 3 个月的危险货物申报业务实习；

（五）无《危险货物申报员/装箱检查员资格证书》被停止使用的情形。

集装箱装箱现场检查员资格注册认可的条件：

（一）具有中华人民共和国国籍；

（二）年满 18 周岁，具有完全民事行为能力；

（三）具有正常辨色力：无红、绿、蓝色盲；

（四）已接受过能够满足《国际海运危险货物运输规则》第 1.3 章要求的培训，并通过危险货物装箱检查人员资格考试，持有有效的合格证明；

（五）已与装箱单位签订合法有效的劳动合同关系；首次申请危险货物装箱检查人员资格注册的，应当经过在同一个装箱单位连续 3 个月的危险货物装箱业务实习；

（六）无《危险货物申报员/装箱检查员资格证书》被停止使用的情形。

第二十二条 船舶所有人、经营人或者管理人防治船舶有关作业活动污染海洋环境应急预案审批的条件：

（一）应急预案审批的申请主体为船舶所有人、经营人或者管理人；

（二）船舶系 150 总吨及以上的油船或者 400 总吨及以上的非油船；

（三）应急预案内容符合防治污染海洋环境和船上油污应急计划编制的相关要求。

第二十三条 船员服务簿签发的条件：

（一）满足规定的年龄要求；

（二）经体检符合交通运输部公布的船员体检标准；

（三）已完成规定的船员基本安全培训，并通过海事管理机构的考试或者考核。

第二十四条 船员适任证书核发的条件：

（一）已取得船员服务簿；

（二）满足规定的年龄要求，符合船员体检标准，海船船员需持有相应的健康证明；

（三）完成规定的适任培训并通过适任考试和评估以及已完成规定的船上培训或见（实）习，持有相应的培训合格证、特殊培训合格证；

（四）满足规定的服务资历，适任状况和安全记录良好。

第二十五条 海员证核发的条件：

（一）年满 18 周岁并具有中华人民共和国国籍的公民；

（二）已依法取得船员服务簿；

（三）符合规定的船员体检标准；

（四）有确定的海员出境任务；

（五）无法律、行政法规规定的禁止出境的情形。

第二十六条 从事海船船员服务业务审批的条件：

从事甲级海船船员服务业务的机构的条件：

（一）在中华人民共和国境内依法设立的法人；

（二）有不少于 300 平方米的固定办公场所；

（三）有 2 名以上具有海船无限航区高级船员任职资历的专职管理人员和 5 名以上专职业务人员；

（四）从事乙级海船船员服务业务 3 年以上，并且最近 3 年来为国内沿海船舶提供配员 500 人以上；

（五）按照中华人民共和国海事局的规定，建立船员服务质量管理制度、人员和资源保障制度、教育培训制度、应急处理制度和服务业务报告制度等海船船员服务管理制度。

从事乙级海船船员服务业务的机构的条件：

（一）在中华人民共和国境内依法设立的法人；

（二）有不少于 150 平方米的固定办公场所；

（三）有 2 名以上具有海船无限航区或者沿海航区高级船员任职资历的专职管理人员和 2 名以上专职业务人员；

（四）按照中华人民共和国海事局的规定，建立船员服务质量管理制度、人员和资源保障制度、教育培训制度、应急处理制度和服务业务报告制度等海船船员服务管理制度。

第二十七条 培训机构从事船员（引航员）培训业务审批的条件：

培训机构从事海船船员培训业务的条件：

（一）有符合船员培训项目要求的场地、设施和设备；

（二）有符合要求的与船员培训项目相适应的教学人员，教学人员总数的 80% 应当通过国家海事管理机构组织的考试，并取得相应证明；

（三）有与船员培训项目相适应的管理人员：

1. 配备专职教学管理人员、教学设施设备管理人员、培训发证管理人员和档案管理人员；

2. 教学管理人员至少 2 人，具有航海类中专以上学历或者其他专业大专以上学历，熟悉相关法规，熟悉所管理的培训项目；

3. 教学设施设备管理人员至少 1 人，具有中专以上学历，能够熟练操作所管理的设施、设备；

（四）有健全的船员培训管理制度，具体包括学员管理制度、教学人员管理制度、培训证明发放制度、教学设施设备管理制度和档案管理制度；

（五）有健全的安全防护制度，具体包括人身安全防护制度和突发事件应急制度等；

（六）有符合交通运输部规定的船员培训质量控制体系。

培训机构从事内河船舶船员培训业务的条件：

（一）有符合船员培训项目要求的场地、设施和设备；

（二）有符合要求的与船员培训项目相适应的教学人员，教学人员总数的 80% 应当通过国家海事管理机构组织的考试，并取得相应证明；

（三）有与船员培训项目相适应的管理人员：

1. 配备专职教学管理人员、教学设施设备管理人员、培训发证管理人员和档案管理人员；

2. 教学管理人员至少 2 人，具有水运类中专以上学历或者其他专业大专以上学历，熟悉相关国内法规，熟悉所管理的培训项目；

3. 教学设施设备管理人员至少 1 人，具有中专以上学历，能够熟练操作所管理的设施、设备；

（四）有健全的船员培训管理制度，具体包括学员管理制度、教学人员管理制度、培训证明发放制度、教学设施设备管理制度、档案管理制度；

（五）有健全的安全防护制度，具体包括人身安全防护制度和突发事件应急制度等；

（六）有符合交通运输部规定的船员培训质量控制体系。

第二十八条 从事海员外派业务审批的条件：

（一）在中华人民共和国境内依法设立的法人；

（二）有与外派规模相适应的固定办公场所；

（三）有至少 2 名具有国际航行海船管理级船员任职资历的专职管理人员和至少 3 名具有两年以上海员外派相关从业经历的管理人员；

（四）具有进行外派海员任职前培训和岗位技能训练及处理海员外派相关法律事务的能力；

（五）按照国家海事管理机构的规定，建立船员服务质量管理制度、人员和资源保障制度、教育培训制度、应急处理制度和服务业务报告制度等海员外派管理制度；

（六）具有自有外派海员 100 人以上；

（七）注册资本不低于 600 万元人民币；

（八）具有足额交纳 100 万元人民币海员外派备用金的能力；

（九）机构及其法定代表人具有良好的商业信誉，最近 3 年内没有重大违约行为和重大违法记录。

第二十九条 航运公司安全营运与防污染能力符合证明核发的条件：

公司《临时符合证明》签发的条件：

（一）具有法人资格；

（二）新建立或者重新运行安全管理体系，或者在公司《临时符合证明》或者《符合证明》上增加新的船舶种类；

（三）已作出在取得《临时符合证明》后 6 个月内运行安全

管理体系的计划安排；

（四）已通过海事管理机构对公司的安全管理体系审核；

（五）申请人如是《符合证明》或者《临时符合证明》失效的公司，还应当满足距前一《符合证明》或者《临时符合证明》失效日已超过6个月。

公司《符合证明》签发的条件：

（一）具有法人资格；

（二）安全管理体系已在岸基和每一船种至少1艘船上运行3个月；

（三）持有有效的《临时符合证明》；

（四）已通过海事管理机构对公司的安全管理体系审核。

船舶《临时安全管理证书》签发的条件：

（一）新纳入或者重新纳入公司安全管理体系进行管理；

（二）已配备公司制定的适用于本船的安全管理体系文件；

（三）公司已取得适用于该船舶种类的《临时符合证明》或《符合证明》；

（四）在船舶所有人未变更的情况下，前两次未连续持有《临时安全管理证书》；

（五）船舶委托管理的，负责管理船舶的公司与船舶所有人或者经营人签订了船舶管理书面协议；

（六）已通过海事管理机构对船舶的安全管理体系审核。

船舶《安全管理证书》签发的条件：

（一）已配备公司制定的适用于本船的安全管理体系文件；

（二）安全管理体系已在本船运行至少3个月；

（三）公司已取得适用于该船种的《符合证明》；

（四）持有有效的《临时安全管理证书》；

（五）已通过海事管理机构对船舶的安全管理体系审核。

第三十条 设立验船机构审批的条件：

（一）具有与拟从事的船舶检验业务相适应的检验场所、设备、仪器、资料；

（二）具有拟从事的船舶检验业务的验船能力和责任能力；

（三）具有与拟从事的船舶检验业务相适应的执业验船人员；

（四）具有相应的检验工作制度和保证船舶检验质量的管理体系；

（五）拟从事的船舶检验业务范围符合交通运输部的规定；

（六）需要设立分支机构的，设置方案和管理制度符合船舶检验管理的要求；

（七）外国船舶检验机构在我国设立验船公司的，除满足上述条件外，验船公司雇佣的外国公民应当符合相应国家机关规定的资格和符合我国关于外国人从业的规定，并持有船旗国政府允许在华从事法定船舶检验业务的授权文件。

第三章 附　则

第三十一条 本规定自 2015 年 7 月 1 日起施行。2006 年 1 月 9 日以交通部令 2006 年第 1 号公布的《中华人民共和国海事行政许可条件规定》同时废止。

质量监督检验检疫行政许可实施办法

国家质量监督检验检疫总局令

第 149 号

《质量监督检验检疫行政许可实施办法》已经 2012 年 6 月 27 日国家质量监督检验检疫总局局务会议审议通过，现予公布，自 2013 年 1 月 1 日起施行。

2012 年 10 月 26 日

第一章 总 则

第一条 为了规范质量监督检验检疫行政许可行为，强化对行政许可的监督管理，保护公民、法人和其他组织的合法权益，根据《中华人民共和国行政许可法》等法律、行政法规规定，制定本办法。

第二条 国家质量监督检验检疫总局、各级出入境检验检疫局和质量技术监督局（以下统称各级质检部门）实施行政许可以及对行政许可的监督管理，适用本办法。

第三条　各级质检部门应当在法律、法规、规章规定的职权范围内，依照法定条件和程序实施行政许可。

国家质量监督检验检疫总局制定的规范性文件，可以在法定的行政许可事项范围内，对实施行政许可的程序作出具体规定，但不得增设违反上位法的其他条件。规范性文件应当以公告的形式向社会公布，未经公布的，不得作为实施行政许可的依据。

第四条　各级质检部门实施行政许可，应当以适当方式公开实施行政许可事项的名称、依据、实施主体、条件、程序、期限、收费依据（收费项目及标准）以及需要提交的全部材料的目录等内容。

符合法定条件、标准的，申请人有依法取得行政许可的平等权利。

第五条　各级质检部门实施行政许可，应当遵循高效、便民原则，统一受理行政许可申请，统一送达行政许可决定。

第六条　各级质检部门应当建立健全实施行政许可的工作管理制度和监督制度，明确各项行政许可的实施程序以及岗位责任，加强对本级以及下级质检部门实施行政许可的监督检查。

第七条　各级质检部门应当健全和完善岗位培训制度，对实施行政许可的工作人员组织进行法律法规及业务知识培训，并定期进行知识更新培训。

实施行政许可的工作人员经过培训后方可从事行政许可工作。

第二章　实施机关

第八条　各级质检部门在法定职权范围内，负责行政许可的实施工作。

第九条　按照法律、行政法规规定以及国务院行政审批制度改革工作要求，国家质量监督检验检疫总局可以根据实际工作需要下放管理层级，将负责实施的行政许可事项交由下级质检部门实施。

决定下放管理层级的行政许可事项，应当以公告形式向社会公布。

第十条　上级质检部门在其法定职权范围内，可以根据实际工作需要，将其负责实施的行政许可事项委托下级质检部门实施。

委托机关对受委托机关实施行政许可的后果承担法律责任。

受委托机关应当在委托的权限范围内，以委托机关名义依法实施行政许可；不得再委托其他组织或者个人实施行政许可。

第十一条　委托实施行政许可的，委托机关可以将行政许可的受理、审查（核查）、决定等权限全部或者部分委托给受委托机关。

委托实施行政许可，委托机关和受委托机关应当签订委托书，委托书应当包含以下主要内容：

（一）委托机关名称；

（二）受委托机关名称；

（三）委托实施行政许可的事项名称以及委托权限范围；

（四）委托机关与受委托机关的权利和义务；

（五）委托实施行政许可的期限。

需要延续委托期限的，委托机关应当在行政许可委托书有效期届满十五日前与受委托机关重新签订委托书。

第十二条　委托机关应当将受委托机关和受委托实施行政许可的事项名称、委托权限范围、委托期限等内容向社会公告。受委托机关应当按照本办法第四条规定对委托实施行政许可的有关内容予以公开。

委托机关变更、中止或者终止行政许可委托的，应当及时向社会公告。

第十三条 各级质检部门实施行政许可，依法需要对设备、设施、产品、物品等进行检验、检测、检疫或者鉴定、专家评审的，除依法应当由行政机关实施的外，可以委托符合法定条件的专业技术组织实施。

接受委托的专业技术组织及其工作人员对所实施的检验、检测、检疫结论承担法律责任。

第三章　实施程序

第一节　申请与受理

第十四条 公民、法人或者其他组织申请行政许可需要采用申请书格式文本的，质检部门应当向申请人提供格式文本。申请书格式文本不得包含与申请行政许可事项没有直接关系的内容。

第十五条 申请人可以委托代理人提出行政许可申请。但是，依法应当由申请人本人提出行政许可申请的除外。

委托代理人提出行政许可申请的，应当提交委托书原件以及委托双方身份证明复印件。

第十六条 申请人要求质检部门对公示内容予以说明、解释的，质检部门应当说明、解释，提供准确、可靠信息。

第十七条 申请人到质检部门办公场所提出行政许可申请，应当提交申请书以及质检部门公示的需要提交的全部材料。

申请人通过信函、电报、电传、传真、电子数据交换和电子邮件的方式提出行政许可申请，应当提交质检部门公示的符合法定形式的申请材料。

申请人应当对其提交的申请材料实质内容的真实性负责。

第十八条 申请人到质检部门办公场所提出申请的，申请人提交申请材料的时间为提出申请的时间。

申请人通过信函、电报、电传、传真、电子数据交换和电子邮件的方式提出申请的，质检部门的收讫时间为提出申请的时间。依法需要核对申请材料原件的，质检部门收到申请材料原件的时间为提出申请的时间。

第十九条 质检部门对申请人提出的行政许可申请，应当根据下列情况分别作出处理：

（一）申请事项依法不需要取得行政许可的，应当即时告知申请人不受理；

（二）申请事项依法不属于本行政机关职权范围的，应当即时作出不予受理的决定，并告知申请人向有关行政机关申请；

（三）申请材料存在可以当场更正的错误的，应当允许申请人当场更正；

（四）申请材料不齐全或者不符合法定形式的，应当当场或者自收到申请材料之日起五日内一次性告知申请人需要补正的全部内容。逾期不告知的，自收到申请材料之日起即为受理；

（五）申请事项属于本行政机关职权范围，申请材料齐全、符合法定形式，或者申请人按照本行政机关的要求提交全部补正申请材料的，应当受理行政许可申请。

第二十条 质检部门受理或者不予受理行政许可申请，或者告知申请人补正申请材料的，应当出具加盖本行政机关行政许可专用印章并注明日期的书面凭证，依法送达申请人。委托实施行政许可的，受委托机关出具的书面凭证，应当加盖委托机关行政许可专用印章。

申请人通过信函、电报、电传、传真、电子数据交换和电子邮件的方式提出行政许可申请，质检部门应当按照前款规定，以适当方式告知申请人行政许可申请的处理情况。

第二十一条 各级质检部门应当建立和完善行政许可电子管理系统，推行电子政务，方便申请人采取数据电文等方式提出行政许可申请。

第二节 审查与决定

第二十二条 质检部门对申请人提交的申请材料应当及时进行审查。

申请人提交的申请材料齐全、符合法定形式，能够当场作出行政许可决定的，应当当场作出行政许可决定。依法需要对申请材料的实质内容进行核实的，应当指派两名以上核查人员进行现场核查。核查人员应当严格按照有关核查要求开展核查工作，不得索取或者收受申请人的财物，不得谋取其他利益。

申请人通过信函、电报、电传、传真、电子数据交换和电子邮件的方式提出申请的，核查人员在现场核查时，应当核对申请材料原件并注明核对情况。申请人不能提交申请材料原件或者核实发现申请材料与原件不符的，质检部门应当作出不予行政许可的决定。

第二十三条 负责检验、检测、检疫或者鉴定、专家评审活动的专业技术组织及其工作人员应当按照法律、法规、规章以及标准、技术规范的规定开展工作。

法律、法规、规章以及标准、技术规范对检验、检测、检疫或者鉴定、专家评审时限有规定的，应当符合其规定；没有规定的，应当在合理时限内完成。

第二十四条 法律、法规、规章规定实施行政许可应当听证的事项，或者质检部门认为需要听证的其他涉及公共利益的重大行政许可事项，质检部门应当向社会公告，并举行听证。行政许可直接涉及申请人与他人之间重大利益关系的，质检部门在作出行政许可决定前，应当告知申请人、利害关系人享有要求听证的权利。

听证程序及期限按照《中华人民共和国行政许可法》第四十七条、第四十八条的规定执行。

第二十五条 申请人的申请符合法定条件、标准的，质检部门应当依法作出准予行政许可的书面决定。

质检部门依法作出不予行政许可的书面决定的，应当说明理由，并告知申请人享有依法申请行政复议或者提起行政诉讼的权利。

质检部门作出准予或者不予行政许可决定的，应当出具加盖本行政机关印章并注明日期的书面凭证，依法送达申请人。委托实施行政许可的，受委托机关出具的书面凭证，应当加盖委托机关印章。

第二十六条 质检部门作出的准予行政许可决定，除涉及国家秘密、商业秘密或者个人隐私的外，应当予以公开，供公众免费查阅。

第三节　期限与送达

第二十七条 除可以当场作出行政许可决定的外，质检部门作出行政许可决定的期限应当符合《中华人民共和国行政许可法》第四十二条、第四十三条规定。

受委托机关应当在委托机关规定的办理时限内完成委托事项。

第二十八条 各级质检部门作出行政许可决定，依法需要听证、检验、检测、检疫或者鉴定、专家评审的，所需时间不计算在本节规定的期限内。

质检部门应当将所需时间书面告知申请人。

第二十九条 各级质检部门依法作出准予行政许可的决定，需要颁发行政许可证件或者加贴标签、加盖检验、检测、检疫印章的，应当自作出决定之日起十日内向申请人颁发、送达行政许可证件或者加贴标签、加盖检验、检测、检疫印章。

第三十条 各级质检部门当场制作的行政许可文书、证件，应当即时直接送达申请人。

质检部门可以通过信函、电报、电传、传真或者电子邮件等方式，通知申请人领取行政许可文书、证件，也可以直接送达或者邮寄送达。

质检部门可以根据实际情况委托其他质检部门代为送达。

质检部门不能直接送达、邮寄送达或者委托送达的，可以通过本机关门户网站或者其他适当方式公告送达。

第三十一条 直接送达或者委托送达的，以申请人或者其代理人的签收日期为送达日期。

邮寄送达的，以邮寄回执上载明的收件日期为送达日期。

公告送达的，自公告发出之日起，经过六十日即视为送达。

第三十二条 申请人应当积极配合质检部门送达行政许可文书、证件，提供有效的联系方式。

因申请人的原因造成行政许可文书、证件不能按期送达的，由申请人承担相应的法律后果。

第四节　变更与延续

第三十三条 有应当变更行政许可的法定情形的，被许可人应当依法提出变更申请。

变更申请符合法定条件、标准的，质检部门应当依法办理变更手续。

第三十四条 被许可人申请延续行政许可有效期的，应当在该行政许可有效期届满三十日前向准予行政许可的质检部门提出。法律、法规、规章对提出申请期限另有规定的，依照其规定。

第三十五条 被许可人未按规定期限提出延续申请的，可以认定为不符合行政许可延续的法定条件，质检部门不予受理该申请。

被许可人需要继续从事相应行政许可事项活动的，应当重新提出行政许可申请。原行政许可有效期届满，重新申请的行政许可决定作出前，不得从事相应行政许可事项活动。

第三十六条 各级质检部门对其负责实施的行政许可事项，应当以适当方式公开行政许可变更、延续的申请期限以及办理程序、未按期申请的法律后果等内容。

第三十七条 委托实施行政许可的，受委托机关按照委托权限以及本节规定，依法办理行政许可的变更、延续工作。

第三十八条 因行政许可证件遗失或者损毁，被许可人申请补办的，应当按照要求在公开发行的报刊上刊登行政许可证件补办声明。声明中应当明确补办原因、六十日异议期限、异议受理电话等内容。

准予行政许可的质检部门补办行政许可证件，应当按照原行政许可证件的内容（含发证时间）办理，不得变更或者延续。

第五节　终止与退出

第三十九条 质检部门受理行政许可申请后，作出行政许可决定前，有下列情形之一的，应当终止办理行政许可：

（一）申请事项依法不需要取得行政许可的；

（二）申请事项依法不属于本行政机关职权范围的；

（三）申请人未在规定期限内补正有关申请材料的；

（四）申请人撤回行政许可申请的；

（五）赋予公民、法人或者其他组织特定资格的行政许可，该公民死亡或者丧失行为能力，法人或者其他组织依法终止的；

（六）依法需要缴纳费用，申请人未在规定期限内予以缴纳的；

（七）其他依法应当终止办理行政许可的。

质检部门终止办理行政许可的，应当出具加盖本行政机关行政许可专用印章并注明日期的书面凭证，依法送达申请人。委托实施行政许可的，受委托机关出具的书面凭证，应当加盖委托机关行政许可专用印章。

申请人撤回行政许可申请，自收到质检部门终止办理行政许可书面凭证之日起六个月内，不得再次提出该行政许可申请。

第四十条　行政许可终止办理，申请人已经缴纳费用的，质检部门应当将费用退还申请人。但是，收费项目涉及的许可环节已经完成的除外。

第四十一条　依法应当吊销被许可人取得的行政许可证件，由准予行政许可的质检部门按照《中华人民共和国行政处罚法》及总局规章等办案程序规定，作出吊销行政许可证件的行政处罚决定。

准予行政许可的质检部门可以自行或者指定下级质检部门按照《中华人民共和国行政处罚法》及总局规章等办案程序规定，依法履行调查取证、权利告知、组织听证等程序性义务以及送达和执行行政处罚决定。

各级质检部门在监督管理工作中，发现被许可人存在应当吊销行政许可证件的违法情形的，应当及时将吊销行政许可的事实、理由、依据以及有关证据材料逐级上报或者通报准予行政许可的质检部门。

第四十二条 依法应当撤销被许可人取得的行政许可，由准予行政许可的质检部门作出撤销行政许可的决定。

作出撤销行政许可决定前，准予行政许可的质检部门可以自行或者指定下级质检部门依法履行告知义务，说明撤销行政许可的事实、理由和依据，听取被许可人的陈述、申辩或者组织听证，并依法送达和执行撤销行政许可的决定。

各级质检部门在监督管理工作中，发现被许可人存在应当撤销行政许可的情形的，应当及时将撤销行政许可的事实、理由、依据以及有关证据材料逐级上报或者通报准予行政许可的质检部门。

第四十三条 因行政许可所依据的法律、法规、规章修改或者废止，或者准予行政许可所依据的客观情况发生重大变化等原因，确需变更或者撤回被许可人取得的行政许可，由准予行政许可的质检部门作出变更或者撤回行政许可的决定。由此给被许可人造成财产损失的，准予行政许可的质检部门应当依法给予补偿。

变更或者撤回行政许可的决定，应当载明变更或者撤回行政许可的事实、理由和依据。变更或者撤回行政许可决定的送达和执行，准予行政许可的质检部门可以自行或者指定下级质检部门办理。

第四十四条 有下列情形之一的，准予行政许可的质检部门应当依法办理有关行政许可的注销手续，并予以公告：

（一）行政许可依法被撤销、撤回，或者行政许可证件依法被吊销的；

（二）行政许可有效期届满未延续的；

（三）赋予公民特定资格的行政许可，该公民死亡或者丧失行为能力的；

（四）法人或者其他组织依法终止的；

（五）被许可人申请注销行政许可的；

（六）因不可抗力导致行政许可事项无法实施的；

（七）其他依法应当注销行政许可的。

各级质检部门对前款规定的事项，应当定期进行核查汇总，并逐级上报准予行政许可的质检部门，由其依法办理注销手续。

第四章 监督管理

第一节 行政许可评价

第四十五条 省级以上质检部门应当根据工作需要，对本机关以及下级质检部门实施行政许可的情况及存在的必要性进行评价。

第四十六条 质检部门可以自行对行政许可进行评价，也可以委托相关评估机构或者组织进行评价。

评价可以采取听证会、论证会、座谈会等形式听取公民、法人或者其他组织以及专家学者的意见、建议。

第四十七条 行政许可评价的内容应当包括：

（一）实施行政许可的总体状况；

（二）实施行政许可的社会效益和社会成本；

（三）实施行政许可是否达到预期的管理目标；

（四）行政许可在实施过程中遇到的问题和原因；

（五）行政许可继续实施的必要性和合理性；

（六）其他需要进行评价的内容。

第四十八条 国家质量监督检验检疫总局完成评价后，应当对评价的行政许可事项提出取消、保留、合并或者下放管理层级等意见和建议，并形成评价报告，报送行政许可的设定机关。

省级质检部门完成评价后，应当将评价报告以及意见和建议报送国家质量监督检验检疫总局；对地方性法规设定的行政许可事项，评价报告以及意见和建议应当报送行政许可的设定机关，并抄报国家质量监督检验检疫总局。

第二节 内部监督

第四十九条 上级质检部门应当通过定期或者不定期的行政执法责任制考核检查、行政许可案卷评查、行政许可专项检查、投诉案件处理等形式，加强对下级质检部门实施行政许可的监督检查，及时发现和纠正行政许可实施中的违法或者不当行为。

第五十条 委托实施行政许可的，委托机关应当通过定期或者不定期核查等方式，加强对受委托机关实施行政许可的监督检查，及时发现和纠正行政许可实施中的违法或者不当行为。

第五十一条 质检部门应当建立健全监督制度，加强对专业技术组织及其工作人员的监督，及时发现和纠正检验、检测、检疫或者鉴定、专家评审活动中的违法或者不当行为。

第三节 对被许可人的监督

第五十二条 各级质检部门应当建立健全行政许可后续监督检查制度，加强对本行政区域内被许可人的后续监督，检查被许可人是否持续保持获得行政许可时的条件和要求。

第五十三条 各级质检部门对本行政区域内的被许可人，应当建立监督检查档案。

质检部门依法进行监督检查时，应当将检查情况和处理结果予以记录，由监督检查人员签字后归档。

第五十四条 各级质检部门依据监督检查职权或者通过举报、

投诉、上级部门交办等途径，发现本行政区域内被许可人的违法行为线索，应当及时进行核实、处理。核实情况以及处理结果按照本办法第五十三条规定归档。

各级质检部门按照行政处罚管辖原则，对被许可人的违法行为依法实施行政处罚的，应当将被许可人的违法事实、处理结果逐级上报或者通报准予行政许可的质检部门。

第五十五条 各级质检部门实施监督检查时，可以依法查阅或者要求被许可人报送有关材料，对被许可人生产经营的产品依法进行抽样检查、检验、检测，并对其生产经营场所依法进行实地检查。

有关法律、法规、规章对监督检查的方式、手段和措施等有明确规定的，依照其规定执行。

被许可人应当配合行政执法人员的监督检查，如实提供其从事相应行政许可事项活动的有关情况和材料。

第五十六条 各级质检部门实施监督检查时，不得妨碍被许可人正常的生产经营活动，不得索取或者收受被许可人的财物，不得谋取其他利益。

第五章　法律责任

第五十七条 违反本办法规定，有下列情形之一的，由上级质检部门责令限期改正，并通报批评：

（一）未按本办法第四条规定将行政许可的有关内容予以公开的；

（二）未按照本办法第五条规定统一受理行政许可申请、统一送达行政许可决定的；

（三）委托实施行政许可，未将行政许可委托书主要内容或者变更、中止或者终止情况向社会公告、公开的；

（四）未将行政许可变更、延续的申请期限或者办理程序、未按期申请的法律后果等内容予以公开的；

（五）未按照本办法规定履行后续监督检查职责或者建立行政许可监督检查档案的。

第五十八条 违反本办法规定，有下列情形之一的，由本机关或者上级质检部门责令改正，通报批评，并对直接负责的主管人员和其他直接责任人员依法追究相应的法律责任：

（一）没有法定依据或者不按照法定项目和标准收取行政许可费用的；

（二）终止办理行政许可，未按本办法规定退还行政许可费用的；

（三）吊销、撤销、撤回、注销行政许可，未按规定程序实施，造成严重后果的；

（四）办理行政许可、实施后续监督检查过程中，妨碍他人正常的生产经营活动造成严重影响或者索取、收受他人的财物，谋取其他利益的；

（五）未依法履行行政许可后续监督检查职责或者对发现的违法行为未依法进行上报和通报，造成严重后果的。

第五十九条 违反本办法第十条规定，受委托机关超越委托权限范围或者再委托其他组织和个人实施行政许可，实施行政许可违法或者不当的，由委托机关责令改正，予以通报，并对直接负责的主管人员和其他直接责任人员依法给予行政处分。

第六十条 违反本办法二十三条规定，承担检验、检测、检疫或者鉴定、专家评审任务的专业技术组织及其工作人员未按照法律、法规、规章以及标准、技术规范的规定开展工作的，由质检部门责令改正；情节严重的，处以三万元以下罚款，直至取消其从事与行政许可相关的检验、检测、检疫资格。法律、法规、规章另有规定的，依照其规定。

专业技术组织及其工作人员违法实施检验、检测、检疫或者鉴定、专家评审，给当事人合法权益造成损害的，依法承担赔偿责任。

第六十一条 被许可人不能持续保持应当具备的条件和要求继续从事行政许可事项活动，或者不配合、拒绝质检部门依法进行监督检查的，责令改正；拒不改正或者逾期未改正的，处以三万元以下罚款，直至撤销其行政许可。法律、法规、规章另有规定的，依照其规定。

第六章　附　则

第六十二条 各级质检部门实施行政许可，应当使用统一规范的行政许可文书。实施行政许可过程中形成的材料，应当按照国家档案管理的有关规定立卷归档。

第六十三条 除公告期限外，本办法规定的质检部门实施行政许可的期限以工作日计算，不含法定节假日。

第六十四条 国家认证认可监督管理委员会以及质量监督检验检疫系统内法律法规授权的组织在法定职权范围内实施行政许可，依照本办法执行。

第六十五条 本办法自 2013 年 1 月 1 日起实施。《质量监督检验检疫行政许可委托实施办法》（国家质检总局令第 64 号）同时废止。

国家质量监督检验检疫总局在本办法施行前公布的有关行政许可的规章与本办法规定的行政许可实施程序不一致的，以本办法为准。

化妆品行政许可检验管理办法

关于印发化妆品行政许可检验管理办法的通知

国食药监许〔2010〕82号

各省、自治区、直辖市食品药品监督管理局（药品监督管理局），有关单位：

现将《化妆品行政许可检验管理办法》印发你们，请遵照执行。

国家食品药品监督管理局

二〇一〇年二月十一日

第一章 总 则

第一条 为规范化妆品行政许可检验工作，保证化妆品行政许可检验工作公开、公平、公正、科学，制定本办法。

第二条 本办法适用于化妆品行政许可检验工作的监督管理。

第三条 本办法所称化妆品行政许可检验（以下称许可检验）

是指依据《中华人民共和国行政许可法》、《化妆品卫生监督条例》及有关法规和规章，在国家食品药品监督管理局实施化妆品行政许可前，化妆品行政许可检验机构（以下称许可检验机构）根据化妆品生产企业提出的许可检验申请所进行的化妆品卫生安全性或人体安全性检验。

第四条　国家食品药品监督管理局负责许可检验工作的监督管理。

第五条　许可检验机构应当依法取得许可检验机构认定资格（以下称认定资格），并根据国家有关法律法规和标准规范的要求以及本办法的规定，开展许可检验工作，提供准确的化妆品行政许可检验报告（以下称检验报告）。

许可检验机构和检验人对出具的检验报告负责，并承担相应的法律责任。

第六条　许可检验机构及其检验人从事许可检验工作，应当尊重科学、恪守职业道德，并保证出具的检验报告客观、公正和准确。

第七条　省、自治区、直辖市食品药品监督管理部门（以下称省级食品药品监督管理部门）进行产品抽样时，应当保证抽样的代表性，抽样过程不得影响所抽样品的质量。

第二章　申请与受理

第八条　申请许可检验的化妆品生产企业（以下称申请企业）申请国产特殊用途化妆品许可检验的，应当向实际生产企业所在地的省级食品药品监督管理部门提出抽样申请。

省级食品药品监督管理部门在收到抽样申请后，应当按照国家食品药品监督管理局有关规定及时派员到实际生产企业试制现场进行抽样并封样，同时填写产品抽样单。

申请企业应当将封样和产品抽样单一并提交许可检验机构。

第九条　申请企业应当按照本办法及《化妆品行政许可检验规范》（以下称《检验规范》）的有关要求，向许可检验机构提交许可检验申请表及有关资料，国产特殊用途化妆品提供封样样品、进口化妆品提供未启封的市售样品，并按有关规定缴纳许可检验费用。

第十条　许可检验机构应当按照《检验规范》的要求，对检验样品和有关资料进行审核，符合要求的，出具化妆品行政许可检验受理通知书（以下称检验受理通知书），进行许可检验受理编号，并与申请企业签订协议书。

第十一条　许可检验受理编号是许可检验的唯一编号，应当与检验受理通知书、检验报告、检验样品的编号一致。

第三章　检验与报告

第十二条　许可检验机构应当按照《检验规范》的要求进行检验，检验方法应当符合国家有关法律法规和标准规范的要求。

第十三条　申请企业应当按照与许可检验机构签订协议书中约定的检验样品数量送检样品。

许可检验机构应当按照与许可检验机构签订协议书中约定的时限完成许可检验项目，并出具检验报告。

第十四条　申请企业对检验结果有异议的，可向原许可检验机构提出复核申请，原许可检验机构应当按照与申请企业签订协议书中约定的条款处理。

经复核后对原检验报告有实质性修改的，应当重新出具检验报告并说明理由。国家食品药品监督管理局根据具体情况研判是否需要第三方许可检验机构对检验结果进行最终确认。

第四章　质量管理

第十五条　许可检验机构应当设置独立的质量管理部门，明确质量管理人员的职责，建立有效运行的质量管理体系。

第十六条　许可检验机构应当建立有效的许可检验工作考核和人员培训管理制度。检验技术人员及管理人员应当掌握相关的法律法规和政策，检验技术人员应当熟练掌握许可检验的标准规范、检验方法等专业知识。

第十七条　许可检验机构的环境以及使用的仪器设备应当符合相关标准规范的要求，仪器设备应当保证良好运行。

第十八条　许可检验机构应当保证许可检验质量控制工作的有效性，对质量控制过程进行记录，并定期评价质量控制体系运行情况。

第五章　样品与档案管理

第十九条　许可检验机构应当有专门负责样品保管的部门，并具有符合样品储存条件的场所。

样品的留存期限为出具检验报告之日起 24 个月。对超过留存期限的样品经许可检验机构负责人批准后自行销毁，处理时不得污染环境。留样的处理应当有详细记录。

第二十条　许可检验机构应当具有符合档案存放条件的场所，

并设专人管理。

许可检验机构应当建立许可检验档案资料整理、保存、查阅、使用和销毁等管理制度。

许可检验档案资料的保存期限不少于六年。超过保存期限的许可检验档案资料的销毁应当按规定的程序经许可检验机构负责人批准后进行，并作相关记录。检验报告及重要档案资料的电子文档应当长期保存。

第二十一条　许可检验档案资料应当包括产品抽样单、许可检验申请表、检验受理通知书、检验样品交接及检验流程记录、检验原始记录、检验报告、存档检验报告，以及申请企业提交的产品配方、使用说明书等其他与该产品许可检验相关的资料。

第六章　保密与信息化管理

第二十二条　许可检验机构应当建立完善的保密工作制度，对申请企业提交的资料负有保密责任。

第二十三条　鼓励许可检验机构利用计算机系统对许可检验的全过程进行管理。

第二十四条　许可检验机构应当公布许可检验收费标准、检验期限、复核处理和投诉程序。

第二十五条　许可检验机构应当按照国家食品药品监督管理局的有关要求提供相关信息，包括许可检验工作年报和月报。年报和月报内容按照《检验规范》相关要求填写。

第七章　监督检查

第二十六条　国家食品药品监督管理局组织对许可检验机构

的许可检验工作进行不定期监督检查和专项现场核查，主要检查内容包括：

（一）检验场所是否符合相关要求；

（二）仪器设备是否定期校验，性能是否完好；

（三）检验技术人员是否定期参加培训，是否有不符合相关要求上岗的行为；

（四）质量管理体系是否符合相关要求，是否保证其正常运行；

（五）检验技术人员或管理人员是否有违法、违规或其他影响许可检验质量的行为；

（六）许可检验工作的开展情况。

第二十七条 对未按照规定进行许可检验或许可检验过程中出现差错事故的许可检验机构，国家食品药品监督管理局视情节轻重给予警告，责令限期整改。对上述情节严重、逾期未整改或弄虚作假的，取消其认定资格。

第二十八条 任何单位和个人对许可检验机构检验工作中的违法违规行为，有权向国家食品药品监督管理局举报，国家食品药品监督管理局应当及时调查处理，并为举报人保密。

第八章 附 则

第二十九条 国家食品药品监督管理局可根据化妆品安全检验工作需要，新增检验项目或方法，并及时予以公布。

第三十条 本办法由国家食品药品监督管理局负责解释。

第三十一条 本办法自发布之日起施行。此前发布的相关文件与本办法不一致的，按本办法执行。

国家旅游局行政许可实施暂行办法

中华人民共和国国家旅游局令

第 27 号

《国家旅游局行政许可实施暂行办法》已经 2006 年 10 月 30 日国家旅游局局长办公会议审议通过，现予公布，自 2007 年 1 月 1 日起施行。

国家旅游局局长

二〇〇六年十一月七日

第一章 总 则

第一条 为了规范旅游行政许可行为，保护公民、法人和其他组织的合法权益，保障国家旅游局有效实施行政管理，根据《中华人民共和国行政许可法》（以下简称行政许可法）及有关法律、行政法规，结合旅游工作实际，制定本办法。

第二条 本办法所称的旅游行政许可，是指国家旅游局根据公民、法人或者其他组织（以下简称申请人）的申请，经依法审查，准予其从事特定活动的行为。

第三条 实施旅游行政许可，应当遵守《行政许可法》及有关法律、法规和本办法的规定。

第四条 旅游行政许可的设定、管理、实施、监督检查，适用本办法。

国家旅游局对其他机关或者对其直接管理的事业单位的人事、财务、外事等事项的审批，不适用本办法。

第五条 实施旅游行政许可，应当按照法定的权限、范围、条件和程序，遵循公开、公平、公正、便民、高效和监督检查的原则。

未经公布的规定不得作为实施行政许可的依据。

第六条 实施旅游行政许可，不得在法定条件之外附加任何不正当要求。

第七条 旅游行政规章及其它文件、内设机构文件一律不得设定行政许可。

旅游行政规章可以在上位法设定的行政许可事项范围内，对实施该行政许可作出具体规定，但不得增设行政许可；可以对行政许可条件作出具体规定，不得增设违反上位法的其他条件。

第八条 因行政管理的需要，国家旅游局认为需要对有关事项实施行政许可，但无法律、行政法规或者国务院决定作为依据的，应当向国务院提出建议。拟设定的行政许可事项应当符合《行政许可法》的有关规定。

第二章 行政许可的实施

第一节 行政许可的实施机关

第九条 国家旅游局在法定权限内，以本部门的名义统一实施行政许可。

国家旅游局内设机构和派出机构不得以各自的名义独立实施行政许可。

国家旅游局根据法律、行政法规和规章的规定，可以委托省、自治区、直辖市旅游行政管理部门或者其他行政机关实施行政许可。国家旅游局对委托行为的后果，依法承担法律责任。

受委托的省、自治区、直辖市旅游行政管理部门或者其他行政机关不得转委托。

第十条 旅游行政许可，依业务分工，分别由业务主管司具体负责、统一办理，有关业务主管司应当明确固定有关业务处具体负责办事拟文。

需要会同其他业务司办理的行政许可事项，具体负责该项行政许可的业务司应当协调、督促相关司在期限内办理。

第十一条 国家旅游局有关业务司具体负责办理行政许可的主要职责是：

（一）受理、审查行政许可申请，并向国家旅游局提出决定建议；

（二）组织行政许可听证工作；

（三）送达行政许可决定；

（四）有关行政许可的信息统计、信息公开工作；

（五）提供公众查阅行政许可工作档案服务；

（六）提供行政许可工作业务咨询服务；

（七）依法对被许可人从事行政许可事项的活动进行监督检查。

国家旅游局负责具体办理行政许可的业务司在履行上述职责时，相关业务司应当积极配合。

第二节　申请与受理

第十二条　国家旅游局办理行政许可的业务司应当将有关行政许可的事项、依据、条件、数量、程序、期限以及需要提交的全部材料的目录和申请书示范文本等在互联网和办公场所公示。

申请人要求对公示内容予以说明、解释的，办理行政许可的业务司应当说明、解释，提供准确、可靠的信息。

第十三条　行政许可申请人依法向国家旅游局提出行政许可申请，申请书需要采用格式文本的，国家旅游局应当免费提供申请书格式文本。申请书格式文本中不得包含与申请行政许可事项没有直接关系的内容。

国家旅游局办理行政许可的业务司不得要求申请人提交与其申请的行政许可事项无关的材料。

申请人依法委托代理人提出行政许可申请的，应当提交授权委托书。授权委托书应当载明授权委托事项和授权范围。

国家旅游局办理行政许可的业务司应当为申请人通过信函、电报、电传、电子数据交换和电子邮件等方式提出行政许可申请提供便利。

第十四条　依法应当先经省级旅游行政管理部门审查后报国家旅游局决定的行政许可，省级旅游行政管理部门应当依法接受申请人的申请，并进行初步审查。申请人提交材料齐全、符合法定形式的，应在法定期限内审查完毕并将初步审查意见和全部申请材料直接报送国家旅游局。实施旅游行政许可不得要求申请人重复提供申请材料。

申请人直接向国家旅游局提出申请前款规定的行政许可事项，国家旅游局不予受理，并告知申请人通过省级旅游行政管理部门提出申请。

第十五条 受理申请时应当审查以下事项：

（一）申请事项是否属于本部门行政许可受理范围；

（二）申请人或代理人提交的身份证件和授权委托书是否合法有效；

（三）申请材料中是否明确附有申请人签字或盖章；

（四）申请人提交的材料是否符合所申请事项的各项受理要求。

第十六条 国家旅游局对申请人提出的行政许可申请，应当根据下列情况分别作出处理：

（一）申请事项依法不需要取得行政许可的，应当即时告知申请人不受理，并向其出具《行政许可申请不予受理决定书》；

（二）申请事项依法不属于本部门职权范围的，应当即时作出不予受理的决定，向申请人出具《行政许可申请不予受理决定书》；

（三）申请材料存在文字、计算等可以当场更正的错误的，应当允许申请人当场更正，并告知其在修改处确认；

（四）申请材料不齐全或者不符合法定形式的，应当场或者在五日内一次告知申请人需要补正的全部内容。逾期不告知，自收到申请材料之日起即为受理；

（五）申请事项属于本部门职权范围，申请材料齐全、符合法定形式或者申请人依照本部门要求提交补正材料的，应当受理行政许可申请，并向申请人出具《行政许可申请受理决定书》。

国家旅游局出具的上述书面凭证，应当加盖国家旅游局印章，并注明日期。

第十七条 对收到的行政许可申请及处理情况，承办人员应当归档备查。

第三节 审查与决定

第十八条 申请人对提交申请材料的真实性负责。国家旅游局一般采取书面审查的方式对申请人提交的申请材料进行审查。

依法需要对申请材料的实质内容进行核实的，国家旅游局应当派两名以上工作人员进行核查，并制作现场检查笔录或者询问笔录。

现场检查笔录应当如实记载核查的时间、地点、参加人和内容，并由核查人员签字。

核查中需要询问当事人或者有关人员时，核查人员应当出示证件，表明身份，询问笔录应当经被询问人核对无误后签名或者盖章。

第十九条 实施旅游行政许可应当注意听取公民、法人或者其他组织的陈述和申辩。对行政许可申请进行审查时，发现该行政许可事项直接关系他人重大利益的，应当在决定前告知利害关系人。申请人、利害关系人有权进行陈述和申辩。行政许可办理工作人员对申请人、利害关系人的口头陈述和申辩，应当制作陈述、申辩笔录。管理部门应当对申请人、利害关系人提出的事实、理由进行复核。事实、理由成立的，应当采纳。

第二十条 国家旅游局对行政许可申请进行审查后，对申请人提交的申请材料齐全、符合法定形式、能够当场作出决定的，应当场作出书面的行政许可决定；对不能当场作出决定的，应当在法定期限内按照规定程序作出行政许可决定。

第二十一条 申请人的申请符合法定条件、标准的，国家旅游局应当依法作出准予行政许可的书面决定；申请人的申请不符合法定条件、标准的，国家旅游局应当依法作出不予行政许可的书面决定。

国家旅游局依法作出不予行政许可书面决定的，应当说明理由，并告知申请人享有依法申请行政复议或者提起行政诉讼的权利。

行政许可书面决定应当载明作出决定的时间，并加盖国家旅游局印章。

第二十二条 国家旅游局作出准予行政许可的决定，依法需要颁发行政许可证件的，应当向申请人颁发加盖国家旅游局印章的下列行政许可证件：

（一）许可证、执照或者其他许可证书；

（二）资格证、资质证或者其他合格证书；

（三）批准文件或者证明文件；

（四）法律、法规规定的其他行政许可证件。

第二十三条 行政许可证件一般应当载明证件名称、发证机关名称、持证人名称、行政许可事项、证件编号、发证日期、证件有效期等事项。

第二十四条 行政许可决定依法作出即具有法律效力。非经法定程序不得改变已经生效的行政许可。

行政许可所依据的法律、法规、规章修改或者废止，或者准予行政许可所依据的客观情况发生重大变化的，为了公共利益的需要，国家旅游局可以依法变更或者撤销已经生效的行政许可。由此给公民、法人或者其他组织造成财产损失的，应当依法给予补偿。

第二十五条 行政许可申请人隐瞒有关情况或者提供虚假材料申请行政许可的，国家旅游局不予受理或者不予行政许可，并给予警告；行政许可属于直接关系公共安全、人身健康、生命财产安全事项的，申请人在一年内不得再次申请该行政许可。

第二十六条　国家旅游局作出的准予行政许可决定，应当在公共媒体上公布，并允许公众查阅。

第四节　听　证

第二十七条　法律、法规、规章规定实施行政许可应当听证的事项，或者国家旅游局认为需要听证的涉及公共利益的重大行政许可事项，国家旅游局应当在行政许可事项涉及的区域内发布听证公告，并举行听证。听证公告应当明确听证事项、听证举行的时间、地点、参加人员要求及提出申请的时间和方式等。

第二十八条　行政许可直接涉及申请人与他人之间重大利益关系，国家旅游局应当发出《行政许可听证告知书》，告知申请人、利害关系人有要求听证的权利。

第二十九条　申请人、利害关系人要求听证的，应当在收到国家旅游局《行政许可听证告知书》后五日内提交申请听证的书面材料；逾期不提交的，视为放弃听证的权利。

第三十条　国家旅游局应当在接到申请人、利害关系人申请听证的书面材料二十日内组织听证，并且在举行听证的七日前，发出《行政许可听证通知书》，将听证的事项、时间、地点通知申请人、利害关系人。

第三十一条　听证主持人由国家旅游局从从事该项行政许可办理工作人员以外的国家公务员中指定。

第三十二条　行政许可审查工作人员应当在举行听证五日前，向听证主持人提交行政许可审查意见的证据、理由等全部材料。

第三十三条　听证会按照以下程序公开进行：

（一）主持人宣布会场纪律；

（二）核对听证参加人姓名、年龄、身份，告知听证参加人权利、义务；

（三）许可审查人提出许可审查意见的证据、理由；

（四）申请人、利害关系人进行申辩和质证；

（五）许可审查人与申请人、利害关系人就有争议的事实进行辩论；

（六）许可审查人与申请人、利害关系人作最后陈述；

（七）主持人宣布听证会中止、延期或者结束。

第三十四条 对于申请人、利害关系人或者其委托的代理人无正当理由不出席听证或者放弃申辩和质证权利退出听证会的，主持人可以宣布听证取消或者听证终止。

第三十五条 听证记录员应当将听证的全部活动制作笔录，由听证主持人和记录员签名。听证笔录应当经听证参加人确认无误或者补正后，由听证参加人当场签名或者盖章。听证参加人拒绝签名或者盖章的，由听证主持人记明情况，在听证笔录中予以载明。

第三十六条 国家旅游局应当根据听证笔录，作出行政许可决定。对听证笔录中没有认证、记载的事实依据，或者申请人听证后提交的证据，国家旅游局可以不予采信。

第三十七条 依法应当举行听证而不举行听证的，根据利害关系人的请求或者依据职权，可以撤销行政许可，由此给当事人的合法权益造成损害的，应当给予赔偿；撤销行政许可可能对公共利益造成重大损害的，不予撤销。

第五节 期限与送达

第三十八条 除当场作出行政许可决定的外，国家旅游局应当自受理行政许可申请之日起二十日内作出行政许可决定。二十日内不能作出决定的，经国家旅游局局长批准，可以延长十日，并向申请人出具《行政许可决定延期通知书》，告知延长期限的理由。

法律、法规对作出行政许可决定期限另有规定的，依照其规定。

第三十九条 国家旅游局作出行政许可决定，依法需要听证、检验、鉴定和专家评审的，所需时间不计算在本章规定的期限内，但应当将所需时间书面告知申请人。

第四十条 国家旅游局作出准予行政许可的决定，应当自作出决定之日起十日内向申请人颁发、送达行政许可证件，或者加贴标签。

第四十一条 旅游行政管理部门送达行政许可决定以及其他行政许可文书，一般应当由受送达人到旅游行政管理部门办公场所直接领取。

受送达人直接领取行政许可决定以及其他行政许可文书时，一般应当在送达回证上注明收到日期，并签名或者盖章。

第四十二条 受送达人不直接领取行政许可决定以及其他行政许可文书时，旅游行政管理部门可以采取以下方式送达：

（一）邮寄送达，以邮局回执上注明的收件日期为送达日期；

（二）受送达人拒绝接收行政许可文书的，送达人应当在送达回证上记明拒收的事由和日期，由送达人、有关基层组织或者所在单位的代表及其他见证人签名或者盖章，把行政许可文书留在受送达人的收发部门或者住所，视为送达；见证人不愿在送达回证上签字或者盖章的，送达人在送达回证上记明情况，把送达文书留在受送达人住所，视为送达；

（三）直接送达有困难的，可以委托当地旅游行政管理部门送达；

（四）无法采取上述方式送达，或者同一送达事项的受送达人众多的，可以在公告栏、受送达人住所地张贴公告，也可以在报刊上刊登公告。自公告发布之日起经过六十日，即视为送达。

第三章　对被许可人的监督

第四十三条　国家旅游局应当依法对被许可人从事行政许可事项的活动进行监督检查。

第四十四条　国家旅游局应当指导被许可人建立自查制度，并监督被许可人依照制度进行自查，督促被许可人将重要工作自查情况报旅游行政管理部门备案。

第四十五条　监督检查不得妨碍被许可人正常的生产经营活动。

第四十六条　有行政许可法第六十九条第一款所列情形之一的，国家旅游局根据利害关系人的请求或者依据职权，可以撤销行政许可。

被许可人以欺骗、贿赂等不正当手段取得行政许可的，应当予以撤销。

依照前两款的规定撤销行政许可，可能对公共利益造成重大损害的，不予撤销。

依照本条第一款的规定撤销行政许可，被许可人的合法权益受到损害的，旅游行政管理部门应当依法给予赔偿。依照本条第二款的规定撤销行政许可的，被许可人基于行政许可取得的利益不受保护。

第四十七条　国家旅游局应当将监督检查的情况和处理结果予以记录，由监督检查人员签字后归档。公众有权查阅监督检查记录。

第四十八条 有行政许可法第七十条所列情形之一的，国家旅游局应当依法办理行政许可的注销手续。

第四十九条 被许可人以欺骗、贿赂等不正当手段取得行政许可的，国家旅游局将依法给予行政处罚；取得的行政许可属于直接关系公共安全、人身健康、生命财产安全事项的，申请人在三年内不得再次申请该行政许可。

第五十条 被许可人有行政许可法第八十条、第八十一条所列情形之一的，国家旅游局将依法给予行政处罚；构成犯罪的，依法追究刑事责任。

第四章 责任追究

第五十一条 国家旅游局实施行政许可，应当定岗定责。

负责实施行政许可的机关及其工作人员在实施行政许可过程中或者对行政许可相对人进行监管过程中，违反国家法律、法规和有关规定，给公民、法人或者其他组织造成财产损失或者不良社会影响的，应当承担法律责任。

第五十二条 国家旅游局对其工作人员有以下违反行政许可法规定的行为的，责令改正；情节严重的，给予行政处分：

（一）对符合法定条件的行政许可申请不予受理的；

（二）不在办公场所公示依法应当公示的材料的；

（三）在受理、审查、决定行政许可过程中，未向申请人、利害关系人履行法定告知义务的；

（四）申请人提交的申请材料不齐全、不符合法定形式，不一次告知申请人必须补正的全部内容的；

（五）未依法说明不受理行政许可申请或者不予行政许可的

理由的；

（六）依法应当举行听证而不举行听证的。

第五十三条 国家旅游局对其工作人员有以下违反行政许可法规定的行为的，责令改正并可给予行政处分，构成犯罪的，移送司法机关处理：

（一）超越职权或者违反规定程序实施行政许可的；

（二）索要或者接受行政许可申请人或者其他利害关系人贿赂的；

（三）截留、挪用、私分或者变相私分实施行政许可依法收取的费用的；

（四）未在规定时限内作出行政许可决定的；

（五）不履行法定的行政许可职责，严重侵害行政许可申请人或者其他利害关系人合法权益的；

（六）对涉及国家利益、公共利益、人身安全等重大事项的行政许可，玩忽职守，徇私舞弊，失职、渎职或者严重不负责任作出许可决定的；

（七）在实施行政许可过程中擅自收费或者不按法定项目和标准收费的。

第五十四条 违法实施旅游行政许可侵犯公民、法人和其他组织的合法权益造成财产损害的，应当依照《中华人民共和国国家赔偿法》的规定予以赔偿。

第五章 附 则

第五十五条 本办法规定的实施行政许可的期限以工作日计算，不含法定节假日。

第五十六条 本办法自 2007 年 1 月 1 日起施行。

煤矿企业安全生产许可证实施办法

国家安全生产监督管理总局令

第 86 号

修订后的《煤矿企业安全生产许可证实施办法》已经 2015 年 12 月 22 日国家安全生产监督管理总局局长办公会议审议通过，现予公布，自 2016 年 4 月 1 日起施行。原国家安全生产监督管理局（国家煤矿安全监察局）2004 年 5 月 17 日公布、国家安全生产监督管理总局 2015 年 6 月 8 日修改的《煤矿企业安全生产许可证实施办法》同时废止。

国家安全生产监督管理总局局长

2016 年 2 月 16 日

第一章　总　　则

第一条　为了规范煤矿企业安全生产条件，加强煤矿企业安全生产许可证的颁发管理工作，根据《安全生产许可证条例》和有关法律、行政法规，制定本实施办法。

第二条 煤矿企业必须依照本实施办法的规定取得安全生产许可证。未取得安全生产许可证的，不得从事生产活动。

煤层气地面开采企业安全生产许可证的管理办法，另行制定。

第三条 煤矿企业除本企业申请办理安全生产许可证外，其所属矿（井、露天坑）也应当申请办理安全生产许可证，一矿（井、露天坑）一证。

煤矿企业实行多级管理的，其上级煤矿企业也应当申请办理安全生产许可证。

第四条 安全生产许可证的颁发管理工作实行企业申请、两级发证、属地监管的原则。

第五条 国家煤矿安全监察局指导、监督全国煤矿企业安全生产许可证的颁发管理工作，负责符合本办法第三条规定的中央管理的煤矿企业总部（总公司、集团公司）安全生产许可证的颁发和管理。

省级煤矿安全监察局负责前款规定以外的其他煤矿企业安全生产许可证的颁发和管理；未设立煤矿安全监察机构的省、自治区，由省、自治区人民政府指定的部门（以下与省级煤矿安全监察局统称省级安全生产许可证颁发管理机关）负责本行政区域内煤矿企业安全生产许可证的颁发和管理。

国家煤矿安全监察局和省级安全生产许可证颁发管理机关统称安全生产许可证颁发管理机关。

第二章　安全生产条件

第六条 煤矿企业取得安全生产许可证，应当具备下列安全生产条件：

（一）建立、健全主要负责人、分管负责人、安全生产管理人员、职能部门、岗位安全生产责任制；制定安全目标管理、安全奖惩、安全技术审批、事故隐患排查治理、安全检查、安全办公会议、地质灾害普查、井下劳动组织定员、矿领导带班下井、井工煤矿入井检身与出入井人员清点等安全生产规章制度和各工种操作规程；

（二）安全投入满足安全生产要求，并按照有关规定足额提取和使用安全生产费用；

（三）设置安全生产管理机构，配备专职安全生产管理人员；煤与瓦斯突出矿井、水文地质类型复杂矿井还应设置专门的防治煤与瓦斯突出管理机构和防治水管理机构；

（四）主要负责人和安全生产管理人员的安全生产知识和管理能力经考核合格；

（五）参加工伤保险，为从业人员缴纳工伤保险费；

（六）制定重大危险源检测、评估和监控措施；

（七）制定应急救援预案，并按照规定设立矿山救护队，配备救护装备；不具备单独设立矿山救护队条件的，与邻近的专业矿山救护队签订救护协议；

（八）制定特种作业人员培训计划、从业人员培训计划、职业危害防治计划；

（九）法律、行政法规规定的其他条件。

第七条 煤矿除符合本实施办法第六条规定的条件外，还必须符合下列条件：

（一）特种作业人员经有关业务主管部门考核合格，取得特种作业操作资格证书；

（二）从业人员进行安全生产教育培训，并经考试合格；

（三）制定职业危害防治措施、综合防尘措施，建立粉尘检测制度，为从业人员配备符合国家标准或者行业标准的劳动防护用品；

（四）依法进行安全评价；

（五）制定矿井灾害预防和处理计划；

（六）依法取得采矿许可证，并在有效期内。

第八条 井工煤矿除符合本实施办法第六条、第七条规定的条件外，其安全设施、设备、工艺还必须符合下列条件：

（一）矿井至少有 2 个能行人的通达地面的安全出口，各个出口之间的距离不得小于 30 米；井下每一个水平到上一个水平和各个采（盘）区至少有两个便于行人的安全出口，并与通达地面的安全出口相连接；采煤工作面有两个畅通的安全出口，一个通到进风巷道，另一个通到回风巷道。在用巷道净断面满足行人、运输、通风和安全设施及设备安装、检修、施工的需要；

（二）按规定进行瓦斯等级、煤层自燃倾向性和煤尘爆炸危险性鉴定；

（三）矿井有完善的独立通风系统。矿井、采区和采掘工作面的供风能力满足安全生产要求，矿井使用安装在地面的矿用主要通风机进行通风，并有同等能力的备用主要通风机，主要通风机按规定进行性能检测；生产水平和采区实行分区通风；高瓦斯和煤与瓦斯突出矿井、开采容易自燃煤层的矿井、煤层群联合布置矿井的每个采区设置专用回风巷，掘进工作面使用专用局部通风机进行通风，矿井有反风设施；

（四）矿井有安全监控系统，传感器的设置、报警和断电符合规定，有瓦斯检查制度和矿长、技术负责人瓦斯日报审查签字制度，配备足够的专职瓦斯检查员和瓦斯检测仪器；按规定建立瓦斯抽采系统，开采煤与瓦斯突出危险煤层的有预测预报、防治措施、效果检验和安全防护的综合防突措施；

（五）有防尘供水系统，有地面和井下排水系统；有水害威胁的矿井还应有专用探放水设备；

（六）制定井上、井下防火措施；有地面消防水池和井下消防管路系统，井上、井下有消防材料库；开采容易自燃和自燃煤层的矿井还应有防灭火专项设计和综合预防煤层自然发火的措施；

（七）矿井有两回路电源线路；严禁井下配电变压器中性点直接接地；井下电气设备的选型符合防爆要求，有短路、过负荷、接地、漏电等保护，掘进工作面的局部通风机按规定采用专用变压器、专用电缆、专用开关，实现风电、瓦斯电闭锁；

（八）运送人员的装置应当符合有关规定。使用检测合格的钢丝绳；带式输送机采用非金属聚合物制造的输送带的阻燃性能和抗静电性能符合规定，设置安全保护装置；

（九）有通信联络系统，按规定建立人员位置监测系统；

（十）按矿井瓦斯等级选用相应的煤矿许用炸药和电雷管，爆破工作由专职爆破工担任；

（十一）不得使用国家有关危及生产安全淘汰目录规定的设备及生产工艺；使用的矿用产品应有安全标志；

（十二）配备足够数量的自救器，自救器的选用型号应与矿井灾害类型相适应，按规定建立安全避险系统；

（十三）有反映实际情况的图纸：矿井地质图和水文地质图，井上下对照图，巷道布置图，采掘工程平面图，通风系统图，井下运输系统图，安全监控系统布置图和断电控制图，人员位置监测系统图，压风、排水、防尘、防火注浆、抽采瓦斯等管路系统图，井下通信系统图，井上、下配电系统图和井下电气设备布置图，井下避灾路线图。采掘工作面有符合实际情况的作业规程。

第九条 露天煤矿除符合本实施办法第六条、第七条规定的条件外，其安全设施、设备、工艺还必须符合下列条件：

（一）按规定设置栅栏、安全挡墙、警示标志；

（二）露天采场最终边坡的台阶坡面角和边坡角符合最终边坡设计要求；

（三）配电线路、电动机、变压器的保护符合安全要求；

（四）爆炸物品的领用、保管和使用符合规定；

（五）有边坡工程、地质勘探工程、岩土物理力学试验和稳定性分析，有边坡监测措施；

（六）有防排水设施和措施；

（七）地面和采场内的防灭火措施符合规定；开采有自然发火倾向的煤层或者开采范围内存在火区时，制定专门防灭火措施；

（八）有反映实际情况的图纸：地形地质图，工程地质平面图、断面图、综合水文地质图，采剥、排土工程平面图和运输系统图，供配电系统图，通信系统图，防排水系统图，边坡监测系统平面图，井工采空区与露天矿平面对照图。

第三章　安全生产许可证的
申请和颁发

第十条 煤矿企业依据本实施办法第五条的规定向安全生产许可证颁发管理机关申请领取安全生产许可证。

第十一条 申请领取安全生产许可证应当提供下列文件、资料：

（一）煤矿企业提供的文件、资料：

1. 安全生产许可证申请书；

2. 主要负责人安全生产责任制（复制件），各分管负责人、安全生产管理人员以及职能部门负责人安全生产责任制目录清单；

3. 安全生产规章制度目录清单；

4. 设置安全生产管理机构、配备专职安全生产管理人员的文件（复制件）；

5. 主要负责人、安全生产管理人员安全生产知识和管理能力考核合格的证明材料；

6. 特种作业人员培训计划，从业人员安全生产教育培训计划；

7. 为从业人员缴纳工伤保险费的有关证明材料；

8. 重大危险源检测、评估和监控措施；

9. 事故应急救援预案，设立矿山救护队的文件或者与专业救护队签订的救护协议。

（二）煤矿提供的文件、资料和图纸：

1. 安全生产许可证申请书；

2. 采矿许可证（复制件）；

3. 主要负责人安全生产责任制（复制件），各分管负责人、安全生产管理人员以及职能部门负责人安全生产责任制目录清单；

4. 安全生产规章制度和操作规程目录清单；

5. 设置安全生产管理机构和配备专职安全生产管理人员的文件（复制件）；

6. 矿长、安全生产管理人员安全生产知识和管理能力考核合格的证明材料；

7. 特种作业人员操作资格证书的证明材料；

8. 从业人员安全生产教育培训计划和考试合格的证明材料；

9. 为从业人员缴纳工伤保险费的有关证明材料；

10. 具备资质的中介机构出具的安全评价报告；

11. 矿井瓦斯等级鉴定文件；高瓦斯、煤与瓦斯突出矿井瓦斯参数测定报告，煤层自燃倾向性和煤尘爆炸危险性鉴定报告；

12. 矿井灾害预防和处理计划；

13. 井工煤矿采掘工程平面图，通风系统图；

14. 露天煤矿采剥工程平面图，边坡监测系统平面图；

15. 事故应急救援预案，设立矿山救护队的文件或者与专业矿山救护队签订的救护协议；

16. 井工煤矿主要通风机、主提升机、空压机、主排水泵的检测检验合格报告。

第十二条 安全生产许可证颁发管理机关对申请人提交的申请书及文件、资料，应当按照下列规定处理：

（一）申请事项不属于本机关职权范围的，即时作出不予受理的决定，并告知申请人向有关行政机关申请；

（二）申请材料存在可以当场更正的错误的，允许或者要求申请人当场更正，并即时出具受理的书面凭证，通过互联网申请的，符合要求后即时提供电子受理回执；

（三）申请材料不齐全或者不符合要求的，应当当场或者在 5 个工作日内一次告知申请人需要补正的全部内容，逾期不告知的，自收到申请材料之日起即为受理；

（四）申请材料齐全、符合要求或者按照要求全部补正的，自收到申请材料或者全部补正材料之日起为受理。

第十三条 煤矿企业应当对其向安全生产许可证颁发管理机关提交的文件、资料和图纸的真实性负责。

从事安全评价、检测检验的机构应当对其出具的安全评价报告、检测检验结果负责。

第十四条 对已经受理的申请，安全生产许可证颁发管理机关应当指派有关人员对申请材料进行审查；对申请材料实质内容存在疑问，认为需要到现场核查的，应当到现场进行核查。

第十五条 负责审查的有关人员提出审查意见。

安全生产许可证颁发管理机关应当对有关人员提出的审查意见进行讨论，并在受理申请之日起45个工作日内作出颁发或者不予颁发安全生产许可证的决定。

对决定颁发的，安全生产许可证颁发管理机关应当自决定之日起10个工作日内送达或者通知申请人领取安全生产许可证；对不予颁发的，应当在10个工作日内书面通知申请人并说明理由。

第十六条 经审查符合本实施办法规定的，安全生产许可证颁发管理机关应当分别向煤矿企业及其所属煤矿颁发安全生产许可证。

第十七条 安全生产许可证的有效期为3年。安全生产许可证有效期满需要延期的，煤矿企业应当于期满前3个月按照本实施办法第十条的规定，向原安全生产许可证颁发管理机关提出延期申请，并提交本实施办法第十一条规定的文件、资料和安全生产许可证正本、副本。

第十八条 对已经受理的延期申请，安全生产许可证颁发管理机关应当按照本实施办法的规定办理安全生产许可证延期手续。

第十九条 煤矿企业在安全生产许可证有效期内符合下列条件，在安全生产许可证有效期届满时，经原安全生产许可证颁发管理机关同意，不再审查，直接办理延期手续：

（一）严格遵守有关安全生产的法律法规和本实施办法；

（二）接受安全生产许可证颁发管理机关及煤矿安全监察机构

的监督检查；

（三）未因存在严重违法行为纳入安全生产不良记录"黑名单"管理；

（四）未发生生产安全死亡事故；

（五）煤矿安全质量标准化等级达到二级及以上。

第二十条 煤矿企业在安全生产许可证有效期内有下列情形之一的，应当向原安全生产许可证颁发管理机关申请变更安全生产许可证：

（一）变更主要负责人的；

（二）变更隶属关系的；

（三）变更经济类型的；

（四）变更煤矿企业名称的；

（五）煤矿改建、扩建工程经验收合格的。

变更本条第一款第一、二、三、四项的，自工商营业执照变更之日起10个工作日内提出申请；变更本条第一款第五项的，应当在改建、扩建工程验收合格后10个工作日内提出申请。

申请变更本条第一款第一项的，应提供变更后的工商营业执照副本和主要负责人任命文件（或者聘书）；申请变更本条第一款第二、三、四项的，应提供变更后的工商营业执照副本；申请变更本条第一款第五项的，应提供改建、扩建工程安全设施及条件竣工验收合格的证明材料。

第二十一条 对于本实施办法第二十条第一款第一、二、三、四项的变更申请，安全生产许可证颁发管理机关在对申请人提交的相关文件、资料审核后，即可办理安全生产许可证变更。

对于本实施办法第二十条第一款第五项的变更申请，安全生产许可证颁发管理机关应当按照本实施办法第十四条、第十五条的规定办理安全生产许可证变更。

第二十二条 经安全生产许可证颁发管理机关审查同意延期、变更安全生产许可证的，安全生产许可证颁发管理机关应当收回原安全生产许可证正本，换发新的安全生产许可证正本；在安全生产许可证副本上注明延期、变更内容，并加盖公章。

第二十三条 煤矿企业停办、关闭的，应当自停办、关闭决定之日起 10 个工作日内向原安全生产许可证颁发管理机关申请注销安全生产许可证，并提供煤矿开采现状报告、实测图纸和遗留事故隐患的报告及防治措施。

第二十四条 安全生产许可证分为正本和副本，具有同等法律效力，正本为悬挂式，副本为折页式。

安全生产许可证颁发管理机关应当在安全生产许可证正本、副本上载明煤矿企业名称、主要负责人、注册地址、隶属关系、经济类型、有效期、发证机关、发证日期等内容。

安全生产许可证正本、副本的式样由国家煤矿安全监察局制定。

安全生产许可证相关的行政许可文书由国家煤矿安全监察局规定统一的格式。

第四章 安全生产许可证的监督管理

第二十五条 煤矿企业取得安全生产许可证后，应当加强日常安全生产管理，不得降低安全生产条件。

第二十六条 煤矿企业不得转让、冒用、买卖、出租、出借或者使用伪造的安全生产许可证。

第二十七条 安全生产许可证颁发管理机关应当坚持公开、

公平、公正的原则，严格依照本实施办法的规定审查、颁发安全生产许可证。

安全生产许可证颁发管理机关工作人员在安全生产许可证颁发、管理和监督检查工作中，不得索取或者接受煤矿企业的财物，不得谋取其他利益。

第二十八条 安全生产许可证颁发管理机关发现有下列情形之一的，应当撤销已经颁发的安全生产许可证：

（一）超越职权颁发安全生产许可证的；

（二）违反本实施办法规定的程序颁发安全生产许可证的；

（三）不具备本实施办法规定的安全生产条件颁发安全生产许可证的；

（四）以欺骗、贿赂等不正当手段取得安全生产许可证的。

第二十九条 取得安全生产许可证的煤矿企业有下列情形之一的，安全生产许可证颁发管理机关应当注销其安全生产许可证：

（一）终止煤炭生产活动的；

（二）安全生产许可证被依法撤销的；

（三）安全生产许可证被依法吊销的；

（四）安全生产许可证有效期满未申请办理延期手续的。

第三十条 煤矿企业隐瞒有关情况或者提供虚假材料申请安全生产许可证的，安全生产许可证颁发管理机关不予受理，且在一年内不得再次申请安全生产许可证。

第三十一条 安全生产许可证颁发管理机关应当每年向社会公布一次煤矿企业取得安全生产许可证的情况。

第三十二条 安全生产许可证颁发管理机关应当将煤矿企业安全生产许可证颁发管理情况通报煤矿企业所在地市级以上人民政府及其指定的负责煤矿安全监管工作的部门。

第三十三条　安全生产许可证颁发管理机关应当建立、健全安全生产许可证档案管理制度。

第三十四条　省级安全生产许可证颁发管理机关应当于每年1月15日前将所负责行政区域内上年度煤矿企业安全生产许可证颁发和管理情况报国家煤矿安全监察局，同时通报本级安全生产监督管理部门。

第三十五条　任何单位或者个人对违反《安全生产许可证条例》和本实施办法规定的行为，有权向安全生产许可证颁发管理机关或者监察机关等有关部门举报。

第五章　罚　则

第三十六条　安全生产许可证颁发管理机关工作人员有下列行为之一的，给予降级或者撤职的处分；构成犯罪的，依法追究刑事责任：

（一）向不符合本实施办法规定的安全生产条件的煤矿企业颁发安全生产许可证的；

（二）发现煤矿企业未依法取得安全生产许可证擅自从事生产活动不依法处理的；

（三）发现取得安全生产许可证的煤矿企业不再具备本实施办法规定的安全生产条件不依法处理的；

（四）接到对违反本实施办法规定行为的举报后，不依法处理的；

（五）在安全生产许可证颁发、管理和监督检查工作中，索取或者接受煤矿企业的财物，或者谋取其他利益的。

第三十七条　承担安全评价、检测、检验工作的机构，出具虚假安全评价、检测、检验报告或者证明的，没收违法所得；违法所得在 10 万元以上的，并处违法所得 2 倍以上 5 倍以下的罚款，没有违法所得或者违法所得不足 10 万元的，单处或者并处 10 万元以上 20 万元以下的罚款，对其直接负责的主管人员和其他直接责任人员处 2 万元以上 5 万元以下的罚款；给他人造成损害的，与煤矿企业承担连带赔偿责任；构成犯罪的，依照刑法有关规定追究刑事责任。

对有前款违法行为的机构，依法吊销其相应资质。

第三十八条 安全生产许可证颁发管理机关应当加强对取得安全生产许可证的煤矿企业的监督检查，发现其不再具备本实施办法规定的安全生产条件的，应当责令限期整改，依法暂扣安全生产许可证；经整改仍不具备本实施办法规定的安全生产条件的，依法吊销安全生产许可证。

第三十九条 取得安全生产许可证的煤矿企业，倒卖、出租、出借或者以其他形式非法转让安全生产许可证的，没收违法所得，处 10 万元以上 50 万元以下的罚款，吊销其安全生产许可证；构成犯罪的，依法追究刑事责任。

第四十条 发现煤矿企业有下列行为之一的，责令停止生产，没收违法所得，并处 10 万元以上 50 万元以下的罚款；构成犯罪的，依法追究刑事责任：

（一）未取得安全生产许可证，擅自进行生产的；

（二）接受转让的安全生产许可证的；

（三）冒用安全生产许可证的；

（四）使用伪造安全生产许可证的。

第四十一条 在安全生产许可证有效期满未申请办理延期手续，继续进行生产的，责令停止生产，限期补办延期手续，没收违法所得，并处 5 万元以上 10 万元以下的罚款；逾期仍不申请办理延期手续，依照本实施办法第二十九条、第四十条的规定处理。

第四十二条　在安全生产许可证有效期内，主要负责人、隶属关系、经济类型、煤矿企业名称发生变化，未按本实施办法申请办理变更手续的，责令限期补办变更手续，并处 1 万元以上 3 万元以下罚款。

改建、扩建工程已经验收合格，未按本实施办法规定申请办理变更手续擅自投入生产的，责令停止生产，限期补办变更手续，并处 1 万元以上 3 万元以下罚款；逾期仍不办理变更手续，继续进行生产的，依照本实施办法第四十条的规定处罚。

第六章　附　则

第四十三条　本实施办法规定的行政处罚，由安全生产许可证颁发管理机关决定。除吊销安全生产许可证外，安全生产许可证颁发管理机关可以委托有关省级煤矿安全监察局、煤矿安全监察分局实施行政处罚。

第四十四条　本实施办法自 2016 年 4 月 1 日起施行。原国家安全生产监督管理局（国家煤矿安全监察局）2004 年 5 月 17 日公布、国家安全生产监督管理总局 2015 年 6 月 8 日修改的《煤矿企业安全生产许可证实施办法》同时废止。

非煤矿矿山企业安全生产
许可证实施办法

国家安全生产监督管理总局令

第 78 号

《国家安全监管总局关于废止和修改非煤矿矿山领域九部规章的决定》已经 2015 年 3 月 23 日国家安全生产监督管理总局局长办公会议审议通过，现予公布，自 2015 年 7 月 1 日起施行。

国家安全生产监督管理总局局长

2015 年 5 月 26 日

（2009 年 6 月 8 日国家安全监管总局令第 20 号公布；根据 2015 年 5 月 26 日国家安全监管总局令第 78 号修正）

第一章 总 则

第一条 为了严格规范非煤矿矿山企业安全生产条件，做好非煤矿矿山企业安全生产许可证的颁发管理工作，根据《安全生产许可证条例》等法律、行政法规，制定本实施办法。

第二条 非煤矿矿山企业必须依照本实施办法的规定取得安全生产许可证。

未取得安全生产许可证的，不得从事生产活动。

第三条 非煤矿矿山企业安全生产许可证的颁发管理工作实行企业申请、两级发证、属地监管的原则。

第四条 国家安全生产监督管理总局指导、监督全国非煤矿矿山企业安全生产许可证的颁发管理工作，负责海洋石油天然气企业安全生产许可证的颁发和管理。

省、自治区、直辖市人民政府安全生产监督管理部门（以下简称省级安全生产许可证颁发管理机关）负责本行政区域内除本条第一款规定以外的非煤矿矿山企业安全生产许可证的颁发和管理。

省级安全生产许可证颁发管理机关可以委托设区的市级安全生产监督管理部门实施非煤矿矿山企业安全生产许可证的颁发管理工作；但中央管理企业所属非煤矿矿山的安全生产许可证颁发管理工作不得委托实施。

第五条 本实施办法所称的非煤矿矿山企业包括金属非金属矿山企业及其尾矿库、地质勘探单位、采掘施工企业、石油天然气企业。

金属非金属矿山企业，是指从事金属和非金属矿产资源开采活动的下列单位：

1. 专门从事矿产资源开采的生产单位；

2. 从事矿产资源开采、加工的联合生产企业及其矿山生产单位；

3. 其他非矿山企业中从事矿山生产的单位。

尾矿库，是指筑坝拦截谷口或者围地构成的，用以贮存金属非金属矿石选别后排出尾矿的场所，包括氧化铝厂赤泥库，不包括核工业矿山尾矿库及电厂灰渣库。

地质勘探单位，是指采用钻探工程、坑探工程对金属非金属矿产资源进行勘探作业的单位。

采掘施工企业，是指承担金属非金属矿山采掘工程施工的单位。

石油天然气企业，是指从事石油和天然气勘探、开发生产、储运的单位。

第二章 安全生产条件和申请

第六条 非煤矿矿山企业取得安全生产许可证，应当具备下列安全生产条件：

（一）建立健全主要负责人、分管负责人、安全生产管理人员、职能部门、岗位安全生产责任制；制定安全检查制度、职业危害预防制度、安全教育培训制度、生产安全事故管理制度、重大危险源监控和重大隐患整改制度、设备安全管理制度、安全生产档案管理制度、安全生产奖惩制度等规章制度；制定作业安全规程和各工种操作规程；

（二）安全投入符合安全生产要求，依照国家有关规定足额提取安全生产费用；

（三）设置安全生产管理机构，或者配备专职安全生产管理人员；

（四）主要负责人和安全生产管理人员经安全生产监督管理部

门考核合格，取得安全资格证书；

（五）特种作业人员经有关业务主管部门考核合格，取得特种作业操作资格证书；

（六）其他从业人员依照规定接受安全生产教育和培训，并经考试合格；

（七）依法参加工伤保险，为从业人员缴纳保险费；

（八）制定防治职业危害的具体措施，并为从业人员配备符合国家标准或者行业标准的劳动防护用品；

（九）新建、改建、扩建工程项目依法进行安全评价，其安全设施经验收合格；

（十）危险性较大的设备、设施按照国家有关规定进行定期检测检验；

（十一）制定事故应急救援预案，建立事故应急救援组织，配备必要的应急救援器材、设备；生产规模较小可以不建立事故应急救援组织的，应当指定兼职的应急救援人员，并与邻近的矿山救护队或者其他应急救援组织签订救护协议；

（十二）符合有关国家标准、行业标准规定的其他条件。

第七条 海洋石油天然气企业申请领取安全生产许可证，向国家安全生产监督管理总局提出申请。

本条第一款规定以外的其他非煤矿矿山企业申请领取安全生产许可证，向企业所在地省级安全生产许可证颁发管理机关或其委托的设区的市级安全生产监督管理部门提出申请。

第八条 非煤矿矿山企业申请领取安全生产许可证，应当提交下列文件、资料：

（一）安全生产许可证申请书；

（二）工商营业执照复印件；

（三）采矿许可证复印件；

（四）各种安全生产责任制复印件；

（五）安全生产规章制度和操作规程目录清单；

（六）设置安全生产管理机构或者配备专职安全生产管理人员的文件复印件；

（七）主要负责人和安全生产管理人员安全资格证书复印件；

（八）特种作业人员操作资格证书复印件；

（九）足额提取安全生产费用的证明材料；

（十）为从业人员缴纳工伤保险费的证明材料；因特殊情况不能办理工伤保险的，可以出具办理安全生产责任保险的证明材料；

（十一）涉及人身安全、危险性较大的海洋石油开采特种设备和矿山井下特种设备由具备相应资质的检测检验机构出具合格的检测检验报告，并取得安全使用证或者安全标志；

（十二）事故应急救援预案，设立事故应急救援组织的文件或者与矿山救护队、其他应急救援组织签订的救护协议；

（十三）矿山建设项目安全设施验收合格的书面报告。

第九条 非煤矿矿山企业总部申请领取安全生产许可证，不需要提交本实施办法第八条第（三）、（八）、（九）、（十）、（十一）、（十二）、（十三）项规定的文件、资料。

第十条 金属非金属矿山企业从事爆破作业的，除应当依照本实施办法第八条的规定提交相应文件、资料外，还应当提交《爆破作业单位许可证》。

第十一条 尾矿库申请领取安全生产许可证，不需要提交本实施办法第八条第（三）项规定的文件、资料。

第十二条 地质勘探单位申请领取安全生产许可证，不需要提交本实施办法第八条第（三）、（九）、（十三）项规定的文件、资料，但应当提交地质勘查资质证书复印件；从事爆破作业的，还应当提交《爆破作业单位许可证》。

第十三条 采掘施工企业申请领取安全生产许可证，不需要提交本实施办法第八条第（三）、（九）、（十三）项规定的文件、资料，但应当提交矿山工程施工相关资质证书复印件；从事爆破作业的，还应当提交《爆破作业单位许可证》。

第十四条 石油天然气勘探单位申请领取安全生产许可证，不需要提交本实施办法第八条第（三）、（十三）项规定的文件、资料；石油天然气管道储运单位申请领取安全生产许可证不需要提交本实施办法第八条第（三）项规定的文件、资料。

第十五条 非煤矿矿山企业应当对其向安全生产许可证颁发管理机关提交的文件、资料实质内容的真实性负责。

从事安全评价、检测检验的中介机构应当对其出具的安全评价报告、检测检验结果负责。

第三章　受理、审核和颁发

第十六条 安全生产许可证颁发管理机关对非煤矿矿山企业提交的申请书及文件、资料，应当依照下列规定分别处理：

（一）申请事项不属于本机关职权范围的，应当即时作出不予受理的决定，并告知申请人向有关机关申请；

（二）申请材料存在可以当场更正的错误的，应当允许或者要求申请人当场更正，并即时出具受理的书面凭证；

（三）申请材料不齐全或者不符合要求的，应当当场或者在5个工作日内一次性书面告知申请人需要补正的全部内容，逾期不告知的，自收到申请材料之日起即为受理；

（四）申请材料齐全、符合要求或者依照要求全部补正的，自收到申请材料或者全部补正材料之日起为受理。

第十七条 安全生产许可证颁发管理机关应当依照本实施办法规定的法定条件组织，对非煤矿矿山企业提交的申请材料进行审查，并在受理申请之日起45日内作出颁发或者不予颁发安全生产许可证的决定。安全生产许可证颁发管理机关认为有必要到现场对非煤矿矿山企业提交的申请材料进行复核的，应当到现场进行复核。复核时间不计算在本款规定的期限内。

对决定颁发的，安全生产许可证颁发管理机关应当自决定之日起10个工作日内送达或者通知申请人领取安全生产许可证；对决定不予颁发的，应当在10个工作日内书面通知申请人并说明理由。

第十八条 安全生产许可证颁发管理机关应当依照下列规定颁发非煤矿矿山企业安全生产许可证：

（一）对金属非金属矿山企业，向企业及其所属各独立生产系统分别颁发安全生产许可证；对于只有一个独立生产系统的企业，只向企业颁发安全生产许可证；

（二）对中央管理的陆上石油天然气企业，向企业总部直接管理的分公司、子公司以及下一级与油气勘探、开发生产、储运直接相关的生产作业单位分别颁发安全生产许可证；对设有分公司、子公司的地方石油天然气企业，向企业总部及其分公司、子公司颁发安全生产许可证；对其他陆上石油天然气企业，向具有法人资格的企业颁发安全生产许可证；

（三）对海洋石油天然气企业，向企业及其直接管理的分公司、子公司以及下一级与油气开发生产直接相关的生产作业单位、独立生产系统分别颁发安全生产许可证；对其他海洋石油天然气企业，向具有法人资格的企业颁发安全生产许可证；

（四）对地质勘探单位，向最下级具有企事业法人资格的单位颁发安全生产许可证。对采掘施工企业，向企业颁发安全生产许可证；

（五）对尾矿库单独颁发安全生产许可证。

第四章　安全生产许可证延期和变更

第十九条　安全生产许可证的有效期为 3 年。安全生产许可证有效期满后需要延期的，非煤矿矿山企业应当在安全生产许可证有效期届满前 3 个月向原安全生产许可证颁发管理机关申请办理延期手续，并提交下列文件、资料：

（一）延期申请书；

（二）安全生产许可证正本和副本；

（三）本实施办法第二章规定的相应文件、资料。

金属非金属矿山独立生产系统和尾矿库，以及石油天然气独立生产系统和作业单位还应当提交由具备相应资质的中介服务机构出具的合格的安全现状评价报告。

金属非金属矿山独立生产系统和尾矿库在提出延期申请之前 6 个月内经考评合格达到安全标准化等级的，可以不提交安全现状评价报告，但需要提交安全标准化等级的证明材料。

安全生产许可证颁发管理机关应当依照本实施办法第十六条、第十七条的规定，对非煤矿矿山企业提交的材料进行审查，并作出是否准予延期的决定。决定准予延期的，应当收回原安全生产许可证，换发新的安全生产许可证；决定不准予延期的，应当书面告知申请人并说明理由。

第二十条 非煤矿矿山企业符合下列条件的，当安全生产许可证有效期届满申请延期时，经原安全生产许可证颁发管理机关同意，不再审查，直接办理延期手续：

（一）严格遵守有关安全生产的法律法规的；

（二）取得安全生产许可证后，加强日常安全生产管理，未降低安全生产条件，并达到安全标准化等级二级以上的；

（三）接受安全生产许可证颁发管理机关及所在地人民政府安全生产监督管理部门的监督检查的；

（四）未发生死亡事故的。

第二十一条 非煤矿矿山企业在安全生产许可证有效期内有下列情形之一的，应当自工商营业执照变更之日起 30 个工作日内向原安全生产许可证颁发管理机关申请变更安全生产许可证：

（一）变更单位名称的；

（二）变更主要负责人的；

（三）变更单位地址的；

（四）变更经济类型的；

（五）变更许可范围的。

第二十二条 非煤矿矿山企业申请变更安全生产许可证时，应当提交下列文件、资料：

（一）变更申请书；

（二）安全生产许可证正本和副本；

（三）变更后的工商营业执照、采矿许可证复印件及变更说明材料。

变更本实施办法第二十一条第（二）项的，还应当提交变更后的主要负责人的安全资格证书复印件。

对已经受理的变更申请，安全生产许可证颁发管理机关对申请人提交的文件、资料审查无误后，应当在 10 个工作日内办理变更手续。

第二十三条　安全生产许可证申请书、审查书、延期申请书和变更申请书由国家安全生产监督管理总局统一格式。

第二十四条　非煤矿矿山企业安全生产许可证分为正本和副本，正本和副本具有同等法律效力，正本为悬挂式，副本为折页式。

非煤矿矿山企业安全生产许可证由国家安全生产监督管理总局统一印制和编号。

第五章　安全生产许可证的监督管理

第二十五条　非煤矿矿山企业取得安全生产许可证后，应当加强日常安全生产管理，不得降低安全生产条件，并接受所在地县级以上安全生产监督管理部门的监督检查。

第二十六条　地质勘探单位、采掘施工单位在登记注册的省、自治区、直辖市以外从事作业的，应当向作业所在地县级以上安全生产监督管理部门书面报告。

第二十七条　非煤矿矿山企业不得转让、冒用、买卖、出租、出借或者使用伪造的安全生产许可证。

第二十八条　非煤矿矿山企业发现在安全生产许可证有效期内采矿许可证到期失效的，应当在采矿许可证到期前 15 日内向原安全生产许可证颁发管理机关报告，并交回安全生产许可证正本和副本。

采矿许可证被暂扣、撤销、吊销和注销的，非煤矿矿山企业应当在暂扣、撤销、吊销和注销后 5 日内向原安全生产许可证颁发管理机关报告，并交回安全生产许可证正本和副本。

第二十九条 安全生产许可证颁发管理机关应当坚持公开、公平、公正的原则，严格依照本实施办法的规定审查、颁发安全生产许可证。

安全生产许可证颁发管理机关工作人员在安全生产许可证颁发、管理和监督检查工作中，不得索取或者接受非煤矿矿山企业的财物，不得谋取其他利益。

第三十条 安全生产许可证颁发管理机关发现有下列情形之一的，应当撤销已经颁发的安全生产许可证：

（一）超越职权颁发安全生产许可证的；

（二）违反本实施办法规定的程序颁发安全生产许可证的；

（三）不具备本实施办法规定的安全生产条件颁发安全生产许可证的；

（四）以欺骗、贿赂等不正当手段取得安全生产许可证的。

第三十一条 取得安全生产许可证的非煤矿矿山企业有下列情形之一的，安全生产许可证颁发管理机关应当注销其安全生产许可证：

（一）终止生产活动的；

（二）安全生产许可证被依法撤销的；

（三）安全生产许可证被依法吊销的。

第三十二条 非煤矿矿山企业隐瞒有关情况或者提供虚假材料申请安全生产许可证的，安全生产许可证颁发管理机关不予受理，该企业在 1 年内不得再次申请安全生产许可证。

非煤矿矿山企业以欺骗、贿赂等不正当手段取得安全生产许可证后被依法予以撤销的，该企业 3 年内不得再次申请安全生产许可证。

第三十三条　县级以上地方人民政府安全生产监督管理部门负责本行政区域内取得安全生产许可证的非煤矿矿山企业的日常监督检查，并将监督检查中发现的问题及时报告安全生产许可证颁发管理机关。中央管理的非煤矿矿山企业由设区的市级以上地方人民政府安全生产监督管理部门负责日常监督检查。

国家安全生产监督管理总局负责取得安全生产许可证的中央管理的非煤矿矿山企业总部和海洋石油天然气企业的日常监督检查。

第三十四条　安全生产许可证颁发管理机关每6个月向社会公布取得安全生产许可证的非煤矿矿山企业名单。

第三十五条　安全生产许可证颁发管理机关应当将非煤矿矿山企业安全生产许可证颁发管理情况通报非煤矿矿山企业所在地县级以上地方人民政府及其安全生产监督管理部门。

第三十六条　安全生产许可证颁发管理机关应当加强对非煤矿矿山企业安全生产许可证的监督管理，建立、健全非煤矿矿山企业安全生产许可证信息管理制度。

省级安全生产许可证颁发管理机关应当在安全生产许可证颁发之日起1个月内将颁发和管理情况录入到全国统一的非煤矿矿山企业安全生产许可证管理系统。

第三十七条　任何单位或者个人对违反《安全生产许可证条例》和本实施办法规定的行为，有权向安全生产许可证颁发管理机关或者监察机关等有关部门举报。

第六章　罚　则

第三十八条　安全生产许可证颁发管理机关工作人员有下列

行为之一的，给予降级或者撤职的行政处分；构成犯罪的，依法追究刑事责任：

（一）向不符合本实施办法规定的安全生产条件的非煤矿矿山企业颁发安全生产许可证的；

（二）发现非煤矿矿山企业未依法取得安全生产许可证擅自从事生产活动，不依法处理的；

（三）发现取得安全生产许可证的非煤矿矿山企业不再具备本实施办法规定的安全生产条件，不依法处理的；

（四）接到对违反本实施办法规定行为的举报后，不及时处理的；

（五）在安全生产许可证颁发、管理和监督检查工作中，索取或者接受非煤矿矿山企业的财物，或者谋取其他利益的。

第三十九条　承担安全评价、认证、检测、检验工作的机构，出具虚假证明的，没收违法所得；违法所得在10万元以上的，并处违法所得2倍以上5倍以下的罚款；没有违法所得或者违法所得不足10万元的，单处或者并处10万元以上20万元以下的罚款；对其直接负责的主管人员和其他直接责任人员处2万元以上5万元以下的罚款；给他人造成损害的，与建设单位承担连带赔偿责任；构成犯罪的，依照刑法有关规定追究刑事责任。

对有前款违法行为的机构，吊销其相应资质。

第四十条　取得安全生产许可证的非煤矿矿山企业不再具备本实施办法第六条规定的安全生产条件之一的，应当暂扣或者吊销其安全生产许可证。

第四十一条　取得安全生产许可证的非煤矿矿山企业有下列行为之一的，吊销其安全生产许可证：

（一）倒卖、出租、出借或者以其他形式非法转让安全生产许可证的；

（二）暂扣安全生产许可证后未按期整改或者整改后仍不具备安全生产条件的。

第四十二条 非煤矿矿山企业有下列行为之一的，责令停止生产，没收违法所得，并处 10 万元以上 50 万元以下的罚款：

（一）未取得安全生产许可证，擅自进行生产的；

（二）接受转让的安全生产许可证的；

（三）冒用安全生产许可证的；

（四）使用伪造的安全生产许可证的。

第四十三条 非煤矿矿山企业在安全生产许可证有效期内出现采矿许可证有效期届满和采矿许可证被暂扣、撤销、吊销、注销的情况，未依照本实施办法第二十八条的规定向安全生产许可证颁发管理机关报告并交回安全生产许可证的，处 1 万元以上 3 万元以下罚款。

第四十四条 非煤矿矿山企业在安全生产许可证有效期内，出现需要变更安全生产许可证的情形，未按本实施办法第二十一条的规定申请、办理变更手续的，责令限期办理变更手续，并处 1 万元以上 3 万元以下罚款。

地质勘探单位、采掘施工单位在登记注册地以外进行跨省作业，未按照本实施办法第二十六条的规定书面报告的，责令限期办理书面报告手续，并处 1 万元以上 3 万元以下的罚款。

第四十五条 非煤矿矿山企业在安全生产许可证有效期满未办理延期手续，继续进行生产的，责令停止生产，限期补办延期手续，没收违法所得，并处 5 万元以上 10 万元以下的罚款；逾期仍不办理延期手续，继续进行生产的，依照本实施办法第四十二条的规定处罚。

第四十六条　非煤矿矿山企业转让安全生产许可证的，没收违法所得，并处 10 万元以上 50 万元以下的罚款。

第四十七条　本实施办法规定的行政处罚，由安全生产许可证颁发管理机关决定。安全生产许可证颁发管理机关可以委托县级以上安全生产监督管理部门实施行政处罚。但撤销、吊销安全生产许可证和撤销有关资格的行政处罚除外。

第七章　附　则

第四十八条　本实施办法所称非煤矿矿山企业独立生产系统，是指具有相对独立的采掘生产系统及通风、运输（提升）、供配电、防排水等辅助系统的作业单位。

第四十九条　危险性较小的地热、温泉、矿泉水、卤水、砖瓦用粘土等资源开采活动的安全生产许可，由省级安全生产许可证颁发管理机关决定。

第五十条　同时开采煤炭与金属非金属矿产资源且以煤炭、煤层气为主采矿种的煤系矿山企业应当申请领取煤矿企业安全生产许可证，不再申请领取非煤矿矿山企业安全生产许可证。

第五十一条　本实施办法自公布之日起施行。2004 年 5 月 17 日原国家安全生产监督管理局（国家煤矿安全监察局）公布的《非煤矿山企业安全生产许可证实施办法》同时废止。

危险化学品生产企业安全生产许可证实施办法

国家安全生产监督管理总局令

第 79 号

《国家安全监管总局关于废止和修改危险化学品等领域七部规章的决定》已经 2015 年 3 月 23 日国家安全生产监督管理总局局长办公会议审议通过，现予公布，自 2015 年 7 月 1 日起施行。

国家安全生产监督管理总局局长

2015 年 5 月 27 日

（2011 年 8 月 5 日国家安全监管总局令第 41 号公布；根据 2015 年 5 月 27 日国家安全监管总局令第 79 号修正）

第一章 总 则

第一条 为了严格规范危险化学品生产企业安全生产条件，

做好危险化学品生产企业安全生产许可证的颁发和管理工作，根据《安全生产许可证条例》、《危险化学品安全管理条例》等法律、行政法规，制定本实施办法。

第二条 本办法所称危险化学品生产企业（以下简称企业），是指依法设立且取得工商营业执照或者工商核准文件从事生产最终产品或者中间产品列入《危险化学品目录》的企业。

第三条 企业应当依照本办法的规定取得危险化学品安全生产许可证（以下简称安全生产许可证）。未取得安全生产许可证的企业，不得从事危险化学品的生产活动。

第四条 安全生产许可证的颁发管理工作实行企业申请、两级发证、属地监管的原则。

第五条 国家安全生产监督管理总局指导、监督全国安全生产许可证的颁发管理工作。

省、自治区、直辖市安全生产监督管理部门（以下简称省级安全生产监督管理部门）负责本行政区域内中央企业及其直接控股涉及危险化学品生产的企业（总部）以外的企业安全生产许可证的颁发管理。

第六条 省级安全生产监督管理部门可以将其负责的安全生产许可证颁发工作，委托企业所在地设区的市级或者县级安全生产监督管理部门实施。涉及剧毒化学品生产的企业安全生产许可证颁发工作，不得委托实施。国家安全生产监督管理总局公布的涉及危险化工工艺和重点监管危险化学品的企业安全生产许可证颁发工作，不得委托县级安全生产监督管理部门实施。

受委托的设区的市级或者县级安全生产监督管理部门在受委托的范围内，以省级安全生产监督管理部门的名义实施许可，但不得再委托其他组织和个人实施。

国家安全生产监督管理总局、省级安全生产监督管理部门和受委托的设区的市级或者县级安全生产监督管理部门统称实施机关。

第七条 省级安全生产监督管理部门应当将受委托的设区的市级或者县级安全生产监督管理部门以及委托事项予以公告。

省级安全生产监督管理部门应当指导、监督受委托的设区的市级或者县级安全生产监督管理部门颁发安全生产许可证，并对其法律后果负责。

第二章 申请安全生产许可证的条件

第八条 企业选址布局、规划设计以及与重要场所、设施、区域的距离应当符合下列要求：

（一）国家产业政策；当地县级以上（含县级）人民政府的规划和布局；新设立企业建在地方人民政府规划的专门用于危险化学品生产、储存的区域内；

（二）危险化学品生产装置或者储存危险化学品数量构成重大危险源的储存设施，与《危险化学品安全管理条例》第十九条第一款规定的八类场所、设施、区域的距离符合有关法律、法规、规章和国家标准或者行业标准的规定；

（三）总体布局符合《化工企业总图运输设计规范》（GB50489）、《工业企业总平面设计规范》（GB50187）、《建筑设计防火规范》（GB50016）等标准的要求。

石油化工企业除符合本条第一款规定条件外，还应当符合《石油化工企业设计防火规范》（GB50160）的要求。

第九条 企业的厂房、作业场所、储存设施和安全设施、设备、工艺应当符合下列要求：

（一）新建、改建、扩建建设项目经具备国家规定资质的单位设计、制造和施工建设；涉及危险化工工艺、重点监管危险化学品的装置，由具有综合甲级资质或者化工石化专业甲级设计资质的化工石化设计单位设计；

（二）不得采用国家明令淘汰、禁止使用和危及安全生产的工艺、设备；新开发的危险化学品生产工艺必须在小试、中试、工业化试验的基础上逐步放大到工业化生产；国内首次使用的化工工艺，必须经过省级人民政府有关部门组织的安全可靠性论证；

（三）涉及危险化工工艺、重点监管危险化学品的装置装设自动化控制系统；涉及危险化工工艺的大型化工装置装设紧急停车系统；涉及易燃易爆、有毒有害气体化学品的场所装设易燃易爆、有毒有害介质泄漏报警等安全设施；

（四）生产区与非生产区分开设置，并符合国家标准或者行业标准规定的距离；

（五）危险化学品生产装置和储存设施之间及其与建（构）筑物之间的距离符合有关标准规范的规定。

同一厂区内的设备、设施及建（构）筑物的布置必须适用同一标准的规定。

第十条　企业应当有相应的职业危害防护设施，并为从业人员配备符合国家标准或者行业标准的劳动防护用品。

第十一条　企业应当依据《危险化学品重大危险源辨识》（GB18218），对本企业的生产、储存和使用装置、设施或者场所进行重大危险源辨识。

对已确定为重大危险源的生产和储存设施，应当执行《危险化学品重大危险源监督管理暂行规定》。

第十二条　企业应当依法设置安全生产管理机构，配备专职安全生产管理人员。配备的专职安全生产管理人员必须能够满足安全生产的需要。

第十三条　企业应当建立全员安全生产责任制，保证每位从业人员的安全生产责任与职务、岗位相匹配。

第十四条　企业应当根据化工工艺、装置、设施等实际情况，制定完善下列主要安全生产规章制度：

（一）安全生产例会等安全生产会议制度；

（二）安全投入保障制度；

（三）安全生产奖惩制度；

（四）安全培训教育制度；

（五）领导干部轮流现场带班制度；

（六）特种作业人员管理制度；

（七）安全检查和隐患排查治理制度；

（八）重大危险源评估和安全管理制度；

（九）变更管理制度；

（十）应急管理制度；

（十一）生产安全事故或者重大事件管理制度；

（十二）防火、防爆、防中毒、防泄漏管理制度；

（十三）工艺、设备、电气仪表、公用工程安全管理制度；

（十四）动火、进入受限空间、吊装、高处、盲板抽堵、动土、断路、设备检维修等作业安全管理制度；

（十五）危险化学品安全管理制度；

（十六）职业健康相关管理制度；

（十七）劳动防护用品使用维护管理制度；

（十八）承包商管理制度；

（十九）安全管理制度及操作规程定期修订制度。

第十五条 企业应当根据危险化学品的生产工艺、技术、设备特点和原辅料、产品的危险性编制岗位操作安全规程。

第十六条 企业主要负责人、分管安全负责人和安全生产管理人员必须具备与其从事的生产经营活动相适应的安全生产知识和管理能力，依法参加安全生产培训，并经考核合格，取得安全资格证书。

企业分管安全负责人、分管生产负责人、分管技术负责人应当具有一定的化工专业知识或者相应的专业学历，专职安全生产管理人员应当具备国民教育化工化学类（或安全工程）中等职业教育以上学历或者化工化学类中级以上专业技术职称。

企业应当有危险物品安全类注册安全工程师从事安全生产管理工作。

特种作业人员应当依照《特种作业人员安全技术培训考核管理规定》，经专门的安全技术培训并考核合格，取得特种作业操作证书。

本条第一、二、四款规定以外的其他从业人员应当按照国家有关规定，经安全教育培训合格。

第十七条 企业应当按照国家规定提取与安全生产有关的费用，并保证安全生产所必须的资金投入。

第十八条 企业应当依法参加工伤保险，为从业人员缴纳保险费。

第十九条 企业应当依法委托具备国家规定资质的安全评价机构进行安全评价，并按照安全评价报告的意见对存在的安全生产问题进行整改。

第二十条 企业应当依法进行危险化学品登记，为用户提供化学品安全技术说明书，并在危险化学品包装（包括外包装件）上粘贴或者拴挂与包装内危险化学品相符的化学品安全标签。

第二十一条 企业应当符合下列应急管理要求：

（一）按照国家有关规定编制危险化学品事故应急预案并报有关部门备案；

（二）建立应急救援组织，规模较小的企业可以不建立应急救援组织，但应指定兼职的应急救援人员；

（三）配备必要的应急救援器材、设备和物资，并进行经常性维护、保养，保证正常运转。

生产、储存和使用氯气、氨气、光气、硫化氢等吸入性有毒有害气体的企业，除符合本条第一款的规定外，还应当配备至少两套以上全封闭防化服；构成重大危险源的，还应当设立气体防护站（组）。

第二十二条 企业除符合本章规定的安全生产条件，还应当符合有关法律、行政法规和国家标准或者行业标准规定的其他安全生产条件。

第三章 安全生产许可证的申请

第二十三条 中央企业及其直接控股涉及危险化学品生产的企业（总部）以外的企业向所在地省级安全生产监督管理部门或其委托的安全生产监督管理部门申请安全生产许可证。

第二十四条 新建企业安全生产许可证的申请，应当在危险化学品生产建设项目安全设施竣工验收通过后 10 个工作日内提出。

第二十五条 企业申请安全生产许可证时，应当提交下列文件、资料，并对其内容的真实性负责：

（一）申请安全生产许可证的文件及申请书；

（二）安全生产责任制文件，安全生产规章制度、岗位操作安全规程清单；

（三）设置安全生产管理机构，配备专职安全生产管理人员的文件复制件；

（四）主要负责人、分管安全负责人、安全生产管理人员和特种作业人员的安全资格证或者特种作业操作证复制件；

（五）与安全生产有关的费用提取和使用情况报告，新建企业提交有关安全生产费用提取和使用规定的文件；

（六）为从业人员缴纳工伤保险费的证明材料；

（七）危险化学品事故应急救援预案的备案证明文件；

（八）危险化学品登记证复制件；

（九）工商营业执照副本或者工商核准文件复制件；

（十）具备资质的中介机构出具的安全评价报告；

（十一）新建企业的竣工验收报告；

（十二）应急救援组织或者应急救援人员，以及应急救援器材、设备设施清单。

有危险化学品重大危险源的企业，除提交本条第一款规定的文件、资料外，还应当提供重大危险源及其应急预案的备案证明文件、资料。

第四章　安全生产许可证的颁发

第二十六条　实施机关收到企业申请文件、资料后，应当按照下列情况分别作出处理：

（一）申请事项依法不需要取得安全生产许可证的，即时告知企业不予受理；

（二）申请事项依法不属于本实施机关职责范围的，即时作出不予受理的决定，并告知企业向相应的实施机关申请；

（三）申请材料存在可以当场更正的错误的，允许企业当场更正，并受理其申请；

（四）申请材料不齐全或者不符合法定形式的，当场告知或者在 5 个工作日内出具补正告知书，一次告知企业需要补正的全部内容；逾期不告知的，自收到申请材料之日起即为受理；

（五）企业申请材料齐全、符合法定形式，或者按照实施机关要求提交全部补正材料的，立即受理其申请。

实施机关受理或者不予受理行政许可申请，应当出具加盖本机关专用印章和注明日期的书面凭证。

第二十七条 安全生产许可证申请受理后，实施机关应当组织对企业提交的申请文件、资料进行审查。对企业提交的文件、资料实质内容存在疑问，需要到现场核查的，应当指派工作人员就有关内容进行现场核查。工作人员应当如实提出现场核查意见。

第二十八条 实施机关应当在受理之日起 45 个工作日内作出是否准予许可的决定。审查过程中的现场核查所需时间不计算在本条规定的期限内。

第二十九条 实施机关作出准予许可决定的，应当自决定之日起 10 个工作日内颁发安全生产许可证。

实施机关作出不予许可的决定的，应当在 10 个工作日内书面告知企业并说明理由。

第三十条 企业在安全生产许可证有效期内变更主要负责人、企业名称或者注册地址的，应当自工商营业执照或者隶属关系变更之日起 10 个工作日内向实施机关提出变更申请，并提交下列文件、资料：

（一）变更后的工商营业执照副本复制件；

（二）变更主要负责人的，还应当提供主要负责人经安全生产监督管理部门考核合格后颁发的安全资格证复制件；

（三）变更注册地址的，还应当提供相关证明材料。

对已经受理的变更申请，实施机关应当在对企业提交的文件、资料审查无误后，方可办理安全生产许可证变更手续。

企业在安全生产许可证有效期内变更隶属关系的，仅需提交隶属关系变更证明材料报实施机关备案。

第三十一条　企业在安全生产许可证有效期内，当原生产装置新增产品或者改变工艺技术对企业的安全生产产生重大影响时，应当对该生产装置或者工艺技术进行专项安全评价，并对安全评价报告中提出的问题进行整改；在整改完成后，向原实施机关提出变更申请，提交安全评价报告。实施机关按照本办法第三十条的规定办理变更手续。

第三十二条　企业在安全生产许可证有效期内，有危险化学品新建、改建、扩建建设项目（以下简称建设项目）的，应当在建设项目安全设施竣工验收合格之日起 10 个工作日内向原实施机关提出变更申请，并提交建设项目安全设施竣工验收报告等相关文件、资料。实施机关按照本办法第二十七条、第二十八条和第二十九条的规定办理变更手续。

第三十三条　安全生产许可证有效期为 3 年。企业安全生产许可证有效期届满后继续生产危险化学品的，应当在安全生产许可证有效期届满前 3 个月提出延期申请，并提交延期申请书和本办法第二十五条规定的申请文件、资料。

实施机关按照本办法第二十六条、第二十七条、第二十八条、第二十九条的规定进行审查，并作出是否准予延期的决定。

第三十四条 企业在安全生产许可证有效期内，符合下列条件的，其安全生产许可证届满时，经原实施机关同意，可不提交第二十五条第一款第二、七、八、十、十一项规定的文件、资料，直接办理延期手续：

（一）严格遵守有关安全生产的法律、法规和本办法的；

（二）取得安全生产许可证后，加强日常安全生产管理，未降低安全生产条件，并达到安全生产标准化等级二级以上的；

（三）未发生死亡事故的。

第三十五条 安全生产许可证分为正、副本，正本为悬挂式，副本为折页式，正、副本具有同等法律效力。

实施机关应当分别在安全生产许可证正、副本上载明编号、企业名称、主要负责人、注册地址、经济类型、许可范围、有效期、发证机关、发证日期等内容。其中，正本上的"许可范围"应当注明"危险化学品生产"，副本上的"许可范围"应当载明生产场所地址和对应的具体品种、生产能力。

安全生产许可证有效期的起始日为实施机关作出许可决定之日，截止日为起始日至三年后同一日期的前一日。有效期内有变更事项的，起始日和截止日不变，载明变更日期。

第三十六条 企业不得出租、出借、买卖或者以其他形式转让其取得的安全生产许可证，或者冒用他人取得的安全生产许可证、使用伪造的安全生产许可证。

第五章 监督管理

第三十七条 实施机关应当坚持公开、公平、公正的原则，依照本办法和有关安全生产行政许可的法律、法规规定，颁发安全生产许可证。

实施机关工作人员在安全生产许可证颁发及其监督管理工作中，不得索取或者接受企业的财物，不得谋取其他非法利益。

第三十八条 实施机关应当加强对安全生产许可证的监督管理，建立、健全安全生产许可证档案管理制度。

第三十九条 有下列情形之一的，实施机关应当撤销已经颁发的安全生产许可证：

（一）超越职权颁发安全生产许可证的；

（二）违反本办法规定的程序颁发安全生产许可证的；

（三）以欺骗、贿赂等不正当手段取得安全生产许可证的。

第四十条 企业取得安全生产许可证后有下列情形之一的，实施机关应当注销其安全生产许可证：

（一）安全生产许可证有效期届满未被批准延续的；

（二）终止危险化学品生产活动的；

（三）安全生产许可证被依法撤销的；

（四）安全生产许可证被依法吊销的。

安全生产许可证注销后，实施机关应当在当地主要新闻媒体或者本机关网站上发布公告，并通报企业所在地人民政府和县级以上安全生产监督管理部门。

第四十一条 省级安全生产监督管理部门应当在每年1月15日前，将本行政区域内上年度安全生产许可证的颁发和管理情况报国家安全生产监督管理总局。

国家安全生产监督管理总局、省级安全生产监督管理部门应当定期向社会公布企业取得安全生产许可的情况，接受社会监督。

第六章　法律责任

第四十二条　实施机关工作人员有下列行为之一的，给予降级或者撤职的处分；构成犯罪的，依法追究刑事责任：

（一）向不符合本办法第二章规定的安全生产条件的企业颁发安全生产许可证的；

（二）发现企业未依法取得安全生产许可证擅自从事危险化学品生产活动，不依法处理的；

（三）发现取得安全生产许可证的企业不再具备本办法第二章规定的安全生产条件，不依法处理的；

（四）接到对违反本办法规定行为的举报后，不及时依法处理的；

（五）在安全生产许可证颁发和监督管理工作中，索取或者接受企业的财物，或者谋取其他非法利益的。

第四十三条　企业取得安全生产许可证后发现其不具备本办法规定的安全生产条件的，依法暂扣其安全生产许可证1个月以上6个月以下；暂扣期满仍不具备本办法规定的安全生产条件的，依法吊销其安全生产许可证。

第四十四条　企业出租、出借或者以其他形式转让安全生产许可证的，没收违法所得，处10万元以上50万元以下的罚款，并吊销安全生产许可证；构成犯罪的，依法追究刑事责任。

第四十五条　企业有下列情形之一的，责令停止生产危险化学品，没收违法所得，并处10万元以上50万元以下的罚款；构成犯罪的，依法追究刑事责任：

（一）未取得安全生产许可证，擅自进行危险化学品生产的；

（二）接受转让的安全生产许可证的；

（三）冒用或者使用伪造的安全生产许可证的。

第四十六条 企业在安全生产许可证有效期届满未办理延期手续，继续进行生产的，责令停止生产，限期补办延期手续，没收违法所得，并处 5 万元以上 10 万元以下的罚款；逾期仍不办理延期手续，继续进行生产的，依照本办法第四十五条的规定进行处罚。

第四十七条 企业在安全生产许可证有效期内主要负责人、企业名称、注册地址、隶属关系发生变更或者新增产品、改变工艺技术对企业安全生产产生重大影响，未按照本办法第三十条规定的时限提出安全生产许可证变更申请的，责令限期申请，处 1 万元以上 3 万元以下的罚款。

第四十八条 企业在安全生产许可证有效期内，其危险化学品建设项目安全设施竣工验收合格后，未按照本办法第三十二条规定的时限提出安全生产许可证变更申请并且擅自投入运行的，责令停止生产，限期申请，没收违法所得，并处 1 万元以上 3 万元以下的罚款。

第四十九条 发现企业隐瞒有关情况或者提供虚假材料申请安全生产许可证的，实施机关不予受理或者不予颁发安全生产许可证，并给予警告，该企业在 1 年内不得再次申请安全生产许可证。

企业以欺骗、贿赂等不正当手段取得安全生产许可证的，自实施机关撤销其安全生产许可证之日起 3 年内，该企业不得再次申请安全生产许可证。

第五十条 安全评价机构有下列情形之一的，给予警告，并处 1 万元以下的罚款；情节严重的，暂停资质半年，并处 1 万元以上 3 万元以下的罚款；对相关责任人依法给予处理：

（一）从业人员不到现场开展安全评价活动的；

（二）安全评价报告与实际情况不符，或者安全评价报告存在重大疏漏，但尚未造成重大损失的；

（三）未按照有关法律、法规、规章和国家标准或者行业标准的规定从事安全评价活动的。

第五十一条　承担安全评价、检测、检验的机构出具虚假证明的，没收违法所得；违法所得在 10 万元以上的，并处违法所得 2 倍以上 5 倍以下的罚款；没有违法所得或者违法所得不足 10 万元的，单处或者并处 10 万元以上 20 万元以下的罚款；对其直接负责的主管人员和其他直接责任人员处 2 万元以上 5 万元以下的罚款；给他人造成损害的，与企业承担连带赔偿责任；构成犯罪的，依照刑法有关规定追究刑事责任。

对有前款违法行为的机构，依法吊销其相应资质。

第五十二条　本办法规定的行政处罚，由国家安全生产监督管理总局、省级安全生产监督管理部门决定。省级安全生产监督管理部门可以委托设区的市级或者县级安全生产监督管理部门实施。

第七章　附　则

第五十三条　将纯度较低的化学品提纯至纯度较高的危险化学品的，适用本办法。购买某种危险化学品进行分装（包括充装）或者加入非危险化学品的溶剂进行稀释，然后销售或者使用的，不适用本办法。

第五十四条　本办法下列用语的含义：

（一）危险化学品目录，是指国家安全生产监督管理总局会同国务院工业和信息化、公安、环境保护、卫生、质量监督检验检疫、交通运输、铁路、民用航空、农业主管部门，依据《危险化学品安全管理条例》公布的危险化学品目录。

（二）中间产品，是指为满足生产的需要，生产一种或者多种产品为下一个生产过程参与化学反应的原料。

（三）作业场所，是指可能使从业人员接触危险化学品的任何作业活动场所，包括从事危险化学品的生产、操作、处置、储存、装卸等场所。

第五十五条 安全生产许可证由国家安全生产监督管理总局统一印制。

危险化学品安全生产许可的文书、安全生产许可证的格式、内容和编号办法，由国家安全生产监督管理总局另行规定。

第五十六条 省级安全生产监督管理部门可以根据当地实际情况制定安全生产许可证颁发管理的细则，并报国家安全生产监督管理总局备案。

第五十七条 本办法自 2011 年 12 月 1 日起施行。原国家安全生产监督管理局（国家煤矿安全监察局）2004 年 5 月 17 日公布的《危险化学品生产企业安全生产许可证实施办法》同时废止。